CREE EN TI

Descubre la imagen que Dios tiene de ti

SIXTO PORRAS

WHITAKER
HOUSE
Español

Editado por: Ofelia Pérez

Cree en ti
Descubre la imagen que Dios tiene de ti

ISBN: 978-1-64123-061-2
eBook ISBN: 978-1-64123-062-9
Impreso en los Estados Unidos de América
© 2018 por Sixto Porras

Whitaker House
1030 Hunt Valley Circle
New Kensington, PA 15068
www.whitakerhouseespanol.com

1 2 3 4 5 6 7 8 9 10 11 ⨆ 21 20 19 18

DEDICATORIA

Dedico este libro a mis hijos, Daniel y Esteban. Disfruté su inocencia cuando eran niños, los vi correr, reír, jugar, divertirse y disfrutar la vida intensamente. Nos han llenado de ilusión y alegría, y ahora nos han premiado con esposas maravillosas y un nieto que nos ha robado el corazón. Daniel y Esteban son hombres íntegros, fieles a Dios y caminan con excelencia en lo que hacen. Ellos siempre nos retan a ser mejores y eso nos inspira a cada instante.

Cuando veo a Daniel ser padre, solo siento alegría, porque ama con entrega, fidelidad y lealtad a Emiliano, nuestro nieto. El primero de una nueva generación. Emiliano nos sorprende cada día con su sonrisa, descubrimientos y deseos de comunicarse. Rocío, su madre, se esmera en atenciones y cuidados porque no quiere perderse de ningún detalle mientras él crece. Pocas veces he visto una mamá tan entregada, apasionada y deseosa de aprender como Rocío. Disfruta de cada instante, lo que no sabe lo pregunta, multiplica sus fuerzas, y registra en fotos y videos cada momento, lo que nos indica que mi nieto está creciendo con los mejores padres.

Dedico este libro al amor de Daniel y Rocío por Emiliano; amor que nos inspira a estar cerca para disfrutar su alegría. No queremos perdernos nada de Emiliano, y Daniel y Rocío nos hacen parte de esta historia que se escribe con pasión y dedicación. Cuando hay amor, todos desean estar cerca para disfrutarlo.

Bien lo dijo en una ocasión Rocío: "Hace 6 meses que mis días transcurren entre carcajadas, muecas, bailes, juegos, ocurrencias, creatividad, pañales sucios y mucha ternura. Hace 6 meses mi vida cambió para siempre; yo misma cambié para siempre. No me cambio por nadie. Mi hombrecito es más de lo que pude haber soñado".

Esteban y Dyane nos llenan de ilusión, porque con su alegría, pasión y entrega a Dios nos demuestran que llegarán lejos. Aman servir a las personas y tienen una conciencia muy grande de que nacieron para marcar su generación. Nos sorprenden cuando nos hablan de sus planes con sus hijos, y en su faceta como tíos nos muestran que amarán a los suyos enormemente. Su orden en el manejo de sus finanzas, como ahorran para el estudio de sus hijos o para su vejez son inspiración para muchos. ¡Cómo no amarles, si sus vidas las han consagrado a Dios y sus sueños los han puesto en Sus manos!

Dedico este libro a Helen, la abuela más dispuesta a amar que conozco. Siempre está lista para atender a sus hijos que han crecido, a sus esposas y a su nieto que la llena de ilusión. Nuestras vidas transcurren entre fotos, visitas, videos y sueños por construir. Helen, quien ha llenado de alegría mi vida, es fuerza y energía. Hemos caminado juntos y hemos disfrutado la aventura de construir nuestra familia.

AGRADECIMIENTOS

Gracias a mi amigo Xavier Cornejo por invitarme a recorrer caminos nuevos, que me invitan a crecer e ir más lejos de lo que podía imaginar. Eres un instrumento de Dios para hacerme soñar y proyectarme al futuro.

Gracias a Ofelia Pérez, mi editora, por invitarme a ver lo que no había visto, por ordenar los pensamientos que dan vuelta en mi cabeza y hacer que la canción tenga ritmo y armonía.

Doy gracias a Dios por nuestro equipo de trabajo en Enfoque a la Familia. Son fuente de inspiración y eso hace emocionante el recorrido.

Gracias a Helen, mi compañera de vida por ser el mejor espejo en mi vida y por ayudarme a crecer como persona. "Te amo."

Gracias doy a Dios, por escribir en nuestros corazones historias por vivir y por amarnos como somos. Por ayudarnos a encontrarnos con el diseño original, y otorgarnos perdón y sanidad en Tu gracia maravillosa. ¡Cómo no amarte, si viniste a buscarnos!

Gracias a cada persona que con sus palabras de aprecio y estímulo me impulsan a seguir adelante en Enfoque a la Familia. No saben cuánto significan sus expresiones de aprecio.

Gracias a quienes siempre nos escriben a ayuda@enfoquealafamilia.com y comparten con nosotros sus historias, sueños y necesidades.

Para nosotros en Enfoque a la Familia es un privilegio ayudar a las familias a mejorar y estar a su lado.

CONTENIDO

Parte 1:
Los espejos donde me miro

Parte 2:
Nunca es tarde para recuperar tu verdadera autoimagen. Comienza aquí.

Parte 3:
El espejo del Amor Supremo

Parte I

LOS ESPEJOS DONDE ME MIRO

"Si deseas tener la mejor imagen de ti mismo, permite que sea quien te creó quien hable de ti. Nos mira como a hijos, nos llama por nuestro nombre, nos ama incondicionalmente, y dice que somos el reflejo de su imagen. Definitivamente uno se siente mejor cuando elige el espejo correcto." Sixto Porras

DIOS DEFINE
NUESTRA IMAGEN

*"... Ustedes son **linaje escogido**, real sacerdocio, nación*
santa, pueblo que pertenece a Dios..." (1 Pedro 2:9)

Nadie puede estar bien con su familia, rendir eficientemente en su trabajo y relacionarse con sabiduría con los demás, si no tiene una buena relación consigo mismo. La imagen que tenemos de nosotros mismos, o lo que se ha llamado autoimagen, determina cómo me relaciono con el mundo, con los demás y conmigo mismo.

Tenemos valor porque fuimos creados a imagen de Dios y por Dios mismo en el vientre de nuestra madre, según lo dicen claramente Génesis 1: 27 y el Salmo 139. Esto significa que tenemos un valor que no se relaciona con nuestros logros, apariencia o posesiones. Se relaciona con lo que soy en esencia, y nuestra misión es descubrir quiénes somos según Dios.

Y Dios creó al ser humano a su imagen; lo creó a imagen de Dios.
Hombre y mujer los creó, y los bendijo con estas palabras: «Sean

fructíferos y multiplíquense; llenen la tierra y sométanla...» (Génesis 1: 27- 28).

Cada vez que leo este texto bíblico me emociono, porque nos recuerda el plan que Dios tiene con nosotros. Dios nos creó a su imagen y nos bendijo para que podamos hacer prosperar todo lo que toquen nuestras manos. Nos dio la misión de liderar y de gobernar toda la creación, y para esto nos ha dado la gracia necesaria para hacerlo bien. Pero todo inicia cuando tenemos la imagen correcta de nosotros mismos, porque eso nos permite disfrutar la vida, ser felices, trascender positivamente en otros y aprovechar las oportunidades al máximo. Lo que somos no puede definirlo la circunstancia, la sociedad en la que vivimos o los caprichos de las personas. Lo que somos lo define Dios.

LO QUE SOMOS LO DEFINE DIOS.

¿Por qué debemos tener una imagen positiva de nosotros mismos? Porque Dios nos puso con la responsabilidad de administrar la creación. Por eso nos dio dominio sobre los animales y nos dio el privilegio de enriquecer el medio ambiente en el que vivimos. Dios nos hizo responsables de liderar la creación, y nos otorga todo lo necesario para relacionarnos sabiamente con nuestros semejantes. En esta perspectiva, la capacidad que tenemos de relacionarnos con los demás es la que hemos desarrollado de relacionarnos con nosotros mismos y con Dios. Así lo afirma el gran mandamiento:

Ama al Señor tu Dios con todo tu corazón, con todo tu ser y con toda tu mente"... Este es el primero y el más importante de los mandamientos. El segundo se parece a este: "Ama a tu prójimo como a ti mismo" (Mateo 22: 37-39).

Al amar a Dios con todo nuestro corazón, le permitimos a Él transformarnos y equiparnos para que estemos mejor preparados para amarnos a nosotros mismos, y esto tendrá como consecuencia que nos relacionaremos de la mejor forma con los demás.

El gran reto que tenemos es aprender a amarnos como Dios nos ama. Esto implica conocernos, aceptarnos, y estar dispuestos a entregarnos a Él para que nos cambie, nos transforme y nos haga cada día más a su imagen; que, como lo expresa Pablo, seamos personas llenas de gozo, paz, bondad, misericordia, paciencia, amabilidad, compasión, honestidad, fidelidad, amor, dominio propio, fe, esperanza, y todo aquello que viene como fruto del Espíritu de Dios en nuestra vida. Quien quiere crecer, definitivamente debe conocerse en Dios.

> *El fruto del Espíritu es amor, alegría, paz, paciencia, amabilidad, bondad, fidelidad, humildad y dominio propio* (Gálatas 5:22).

No solo hemos sido hechos a imagen de Dios, sino que nos puso para ser luz y sal de la tierra; para inspirar, animar, consolar, amar y fortalecer a los demás. Pero solo podemos dar lo que tenemos. Esta luz debe brillar a partir de la luz que se lleva en el corazón, que es la luz de Cristo Jesús. El brillo que brota de nosotros no es para que nos reconozcan o aplaudan, sino más bien para que alaben a Dios, que nos ha llenado de su gozo, paz, bondad, misericordia, compasión, fuerza, fe, esperanza y paz. Por esta razón nuestro Señor Jesucristo nos invita a brillar en lo alto.

> " »*Ustedes son la luz del mundo. Una ciudad en lo alto de una colina no puede esconderse. Ni se enciende una lámpara para cubrirla con un cajón. Por el contrario, se pone en la repisa para que alumbre a todos los que están en la casa. Hagan brillar su luz*

delante de todos, para que ellos puedan ver las buenas obras de ustedes y alaben al Padre que está en el cielo" (Mateo 5: 14-16).

Somos parte de una familia y de una sociedad que espera de nosotros una contribución positiva en la construcción de su historia. A la vez, todos anhelamos realizarnos como personas y vivir intensamente lo que hacemos y lo que somos. Por esta razón, la aventura más emocionante es el viaje al corazón, a ese ser interior, para conocerlo, aceptarlo y amarlo.

Espero que al recorrer estas páginas, Dios nos permita sanar nuestra autoimagen, restaurar las relaciones rotas y encontrarnos con Él en lo más íntimo de nuestro corazón.

Capítulo 1

LO QUE DISTORSIONA
MI AUTOIMAGEN

La autoimagen empieza en la definición que tengo de mí mismo, y depende mucho del espejo que yo elija para verme. Es la habilidad de percibirnos, la actitud que tenemos, y cómo pensamos y nos vemos a nosotros mismos. Esta autoimagen es perfecta antes de nacer, porque somos imagen de Dios en un plan perfecto, en un conocimiento perfecto, en un propósito perfecto, porque Él la diseñó y conoce el cuadro completo.

El concepto que tenemos de nosotros mismos afecta nuestra forma de ser, la manera de hablar, nuestras emociones, y determina cómo nos relacionamos con los demás. Muchas veces simplemente estamos cansados o estresados, y tenemos sentimientos de descalificación. Por lo tanto, estamos irritables o reaccionamos mal. El cansancio despierta emociones que nos hacen sentir descalificados, acabados o bien inadecuados. Ante el cansancio y el estrés, muchas veces tendremos pensamientos distorsionados de quiénes somos en realidad.

En otros momentos nos sentimos enérgicos, fuertes y con el ánimo necesario para luchar por lo que deseamos. Este deseo de vivir, de trabajar duro y de lograr metas lo determina el ánimo que tenemos, pero esto es alimentado por la forma en la que nos percibimos.

La autoimagen se construye a partir de lo que vivimos desde niños, las experiencias que nos marcan para bien o para mal, las palabras que nos dicen, la aceptación que nos otorgaron. Todo esto envía mensajes a nuestro subconsciente, y esto va construyendo la imagen que tenemos de nosotros mismos. Esta, a su vez, va a determinar que seamos personas exitosas o fracasadas, nos miremos como aptos o inadecuados, o como personas capaces o incapaces. Todo lo determina el espejo en el que elijamos observarnos.

Normalmente el espejo en el que nos observamos es en la mirada de las personas más cercanas. Si ellos nos otorgan aceptación, nos es fácil aceptarnos y creernos capaces de cualquier cosa. Si nos afirman, nos sentimos seguros, animados y fuertes. Si nos descalifican, nos comparan o nos comparamos, nos sentimos débiles emocionalmente, y nos llenamos de envidia y resentimiento. Es aquí cuando surgen las personas que lo critican todo y no soportan que nadie se supere o tenga éxito.

Si crecemos en una cultura donde nos estimulamos mutuamente y nos ayudamos unos a otros para que alcancemos un mejor nivel de vida, seremos personas de empresas sólidas, ascenderemos en los trabajos y buscaremos la excelencia. Seremos innovadores, creativos y por ende, crecerá nuestro nivel de satisfacción.

Al crecer, no podemos culpar a nadie de cómo nos percibimos, pero sí podemos ordenar la forma en la que nos vemos. Por eso, es necesario crecer en la capacidad de analizar las críticas que recibimos, porque vamos a hacer lo mismo con nosotros y con los demás. Por ejemplo, si creo que "soy poco inteligente", tenderé a verme de esa forma y eso me va a conducir a evaluarme mal. Cuando obtenga una buena calificación, creeré que no lo merezco. Pero cuando sé que soy inteligente, apto para realizar bien las cosas y me siento capaz, tenderé a dar lo mejor de mí y veré naturales las buenas calificaciones. Si me equivoqué, creeré que cometí un error, pero no me voy a estigmatizar como una persona tonta, sino que lo voy a superar la próxima vez.

No obstante, encontraremos impedimentos que distorsionan y lastiman nuestra autoimagen. Cuando esa autoimagen no está sana, no podemos creer en nosotros mismos como Dios cree. Él nos ve como nos diseñó (a su imagen) y cree en nosotros, pero es necesario que creamos en nosotros mismos porque creemos en Él y Él nos creó a su imagen, conforme a su semejanza.

En el camino de la vida, mirándonos en otros espejos, perdemos la perspectiva de quiénes somos. En los próximos capítulos trataremos específicamente los obstáculos que afectan una autoimagen saludable y cómo podemos superarlos. Sin embargo, anticipemos algunos que se nos presentan desde niños y marcan la autoimagen que tenemos.

Sobrenombres

Hay una escena maravillosa descrita en Lucas capítulo uno, versículos 5 y 6, que es la imagen de Zacarías y Elizabet:

> *Un sacerdote llamado Zacarías, de la clase de Abías; su mujer era de las hijas de Aarón, y se llamaba Elizabet. Ambos eran justos delante de Dios, y andaban irreprensibles en todos los mandamientos y ordenanzas del Señor.*

Delante de Dios, ellos eran irreprensibles y eso es fascinante. Ahora, la sociedad les pone una medida, la medida de que el matrimonio en aquel momento debía tener hijos. El verso 25 de ese mismo capítulo es muy revelador porque ella queda embarazada, y yo me la imagino llena de alegría, de emoción. Es anciana ya, fue estéril toda la vida. Entonces dice: *"Así ha hecho conmigo el Señor en los días en que se dignó quitar mi afrenta entre los hombres".*

¿De dónde venía esa vergüenza, esa afrenta? El verso 36 de Lucas lo dice cuando el ángel se le aparece a María: *"Y he aquí tu parienta Elizabet, ella también ha concebido hijo en su vejez; y este es el sexto mes para ella, la que llamaban estéril;".* Es decir, le habían puesto el sobrenombre de "la estéril", el "la" despreciativo, el calificativo estéril, era "Ahí va la estéril", y seguro que pensaban o comentaban, "¡Quién sabe qué pecado tiene!" o "¿Qué pecado cometieron sus padres?". Por eso Elizabet crece con vergüenza, porque le ponen un sobrenombre.

Dios no le había dado hijos. Ella tenía una imagen: "Soy castigada. Tengo una vergüenza pública". ¿Por qué? Porque no llenó la expectativa de la sociedad. Entonces la sociedad establece la imagen que la sociedad quiera.

¿Cuándo el sobrenombre hiere? Cuando te lo pone tu prima, cuando te lo pone tu tía, cuando te lo pone tu mamá, cuando te lo dicen tus amigos. El sobrenombre, eso que debemos evitar a toda costa llamar a nuestros hijos y otros seres queridos, humilla y destruye la autoimagen. Mientras más significativa es la persona que nos pone el sobrenombre, peor es el efecto en la imagen que tenemos de nosotros.

Esas no son las únicas influencias sobre la autoimagen. Nuestra manera de relacionarnos altera o enaltece la imagen que tengo de mí mismo. Todos los seres humanos son creados por el prejuicio, porque no son creados a partir de la propiedad positiva de Dios, sino por los mismos temores que todo el mundo vive, y que proyectamos al relacionarnos con los demás. ¿A qué me refiero? Cuando yo me relaciono a partir de mi temor, y veo que alguien tiene lo que yo ansío tener, voy a intentar bajarlo a mi nivel, porque siento que él tiene lo que yo no tengo.

Cuando te miras en la imagen de la sociedad, se generan complejos. Tan pronto entras a la escuela, te van a poner un sobrenombre para ridiculizarte, para avergonzarte, porque nos vamos a reír del dolor ajeno, tristemente, porque tenemos un corazón caído y hay que recordarlo; con ese corazón vivimos. Al tener un corazón caído, tenemos la actitud de Caín. Tenemos la actitud de la codicia, la actitud de la envidia, la actitud del no tolerar que el otro esté bien.

¿Cómo voy a tolerar que Dios diga que tiene un corazón perfecto? No, este tiene algo malo porque Dios no le dio hijos, como ocurrió con Elizabet. Aún uso a Dios para justificarlo. Le ponen un sobrenombre, la estigmatizan por muchos años, y ella tiene vergüenza. Ella tiene una imagen de sí misma de castigada, y de que tiene que luchar con un dolor interno. Vergüenza es sinónimo de dolor.

Comparaciones

Es lo que Caín experimentó con Abel. Caín no tuvo la aprobación de Dios, y Caín en lugar de encontrarse con su propia imagen para confrontarla, se compara con Abel. Al compararse siente envidia, y siente que no tolera que Abel tenga lo que él no tiene, y por lo tanto, "voy a intentar bajarle el piso, para que esté a mi altura". ¿Cuál es la altura? Reducirlo a pequeño, a que se sienta mal, a que recuerde que algo está pagando.

Cuando los padres se ven en el espejo equivocado se genera comparación, y el hecho de que la sociedad se ve en el espejo equivocado genera comparación.

La comparación lastima. Tengo que ver qué define mi imagen, y elegir correctamente el espejo. Entonces siempre voy a necesitar un espejo para verme. ¿Qué mata mi autoimagen? La comparación, lo que estás diciendo, lo cual conduce a la envidia, porque cuando yo me comparo, yo no me comparo con la otra persona, yo me comparo con lo que yo creo que la otra persona tiene y yo necesito.

Pero en el fondo, ¿la otra persona lo tiene? No, es solo mi imaginación la que lo tiene. Y la comparación es un vehículo que nos lleva a la envidia porque hace igual que el enamoramiento: idealizar a la otra persona. Y cuando hablas con la otra persona, conoces a la otra persona, y te das cuenta de que tiene las mismas luchas que tú tienes.

Sin embargo, eso mata la imagen de cualquiera, lo mata la comparación, lo mata la envidia, lo mata el resentimiento, porque el resentimiento va a distorsionar tu imagen, y lo peor del resentimiento es que vas a tender a lastimar la imagen de los demás. ¿Por qué? Porque alguien en algún momento vino y te lastimó.

Estos son como peldaños. Son puertas que uno podría abrir, simplemente puertas equivocadas, que todos en medio de nuestros temores, complejos y miedos vamos a abrir. ¿Por qué? Porque nos relacionamos socialmente. La imagen que yo tengo es la imagen que tú me proyectas. La imagen que yo tengo de mí mismo es la imagen que tú me proyectas de mí. Si me miras con respeto, yo me miraré con respeto, y tenderé a mirarme con respeto. Por eso el espejo en el que se ve la esposa son los ojos del esposo.

Complejos

Los complejos surgen cuando la persona se resta valor, tiene un bajo concepto de sí misma o baja autoestima, o se siente incómoda hacia una parte de su ser; puede ser por su aspecto físico, intelectual, emocional o una combinación de los anteriores. También pueden surgir por la condición de la familia, país de origen o una situación migratoria. Los complejos también surgen por el entorno social, ya que se tiene que enfrentar la burla, el rechazo y la crítica.

La construcción del "yo" es producto de la forma en la que interactuamos con la familia, y son las experiencias vividas las que van afirmando la identidad en forma adecuada, o la van debilitando si los sentimientos hacia él son negativos o crecemos en un ambiente de conflicto.

Cuando se producen conflictos emocionales serios en la infancia o en la adolescencia se podría herir la percepción que tenemos de nosotros mismos y tendemos a culparnos por lo que ocurre en casa. Es en este contexto cuando los niños se culpan del divorcio de los padres, la enfermedad de la mamá o bien, los conflictos violentos que se viven en casa.

Es indispensable afirmar la percepción que tienen los niños acerca de ellos mismos, y esto lo logra la interacción que tenemos con ellos y el entorno en el que lo hacemos crecer.

¿Cómo vencemos los complejos y lo que nos limita?

- Aceptándonos como una persona única y nunca comparándonos con los demás.

- Reconociendo que las personas somos diferentes y eso está bien.

- Respetándonos como somos.

- Creciendo en el conocimiento de nosotros mismos.

- Poniendo límites a las personas que desean abusarnos o lastimarnos.

- Sabiendo que no somos personas perfectas y tampoco las demás lo son.

- Perdonando a los demás, los errores que cometieron, y perdonándonos a nosotros mismos cuando nos equivocamos.

- Valorando la persona que soy hoy y la que seré mañana.

- Hablando siempre bien de uno mismo y de los demás.

- Descubriendo mis habilidades y desarrollándolas.

- Aceptando mis debilidades, sin darles demasiada importancia.

- Aceptándose tal cual es: su cuerpo, sus orígenes, su familia, su personalidad, su historia, su inteligencia, y todo lo que compone su persona.

Si me respeto, me respetarán, si me admiro me admirarán y si me aprecio me apreciarán.

Si eres una madre o un padre

- Acepta a tu hijo, no lo compares, ni lo presiones para que sea quien tu querías ser y no pudiste.

- Afirma su personalidad y forma de ser.

- Comunícate en forma positiva con ellos.

- Ayúdales a reconocer sus cualidades y habilidades con el fin de que desarrollen su potencial.

- Enséñales desde pequeños el valor de las cosas, el trabajo, la perseverancia, y guíalos a la excelencia sin ser perfeccionista.

- Debes estar presente y celebrar en grande los logros de tus hijos, las metas alcanzadas, los sueños cumplidos y todo lo que para ellos es importante. Ej. una graduación, una exposición, una actividad deportiva, la participación en una obra de teatro, etc.

- Afírmalos en los momentos difíciles o cuando experimenten un fracaso.

Cada uno de nosotros es el reflejo de la gloria de Dios en la tierra. Descubrir eso, vivirlo y compartir la experiencia con los demás, es nuestro desafío de vida. Esto es lo que nos indica el Salmo 139. Se lo transcribo en diferentes versiones para que disfrute el significado de lo que nos transmite.

- *"¡Te alabo porque soy una creación admirable! ¡Tus obras son maravillosas, y esto lo sé muy bien!"* (Salmo 139:14)

- *"Te alabaré, porque asombrosa y maravillosamente he sido hecho; maravillosas son tus obras, y mi alma lo sabe muy bien."* (Salmo 139: 14 LBLA)

- *"Te alabo porque estoy maravillado, porque es maravilloso lo que has hecho. ¡De ello estoy bien convencido!"* (Salmo 139: 14 DHH)

- *"¡Gracias por hacerme tan maravillosamente complejo! Tu fino trabajo es maravilloso, lo sé muy bien." (Salmo 139: 14* NTV*)*

Al leer lo que Dios dice de lo que somos me sorprendo y me pregunto, por qué nos cuesta tanto verlo, aceptarlo y creerlo. Cuando al salmista le fue revelada esta verdad se maravilló, se asombró, lo interiorizó hasta que lo creyó, y ahora está bien convencido.

El recorrido para aceptarnos, apreciarnos, amarnos, respetarnos, admirarnos, no es fácil, porque vivimos en un mundo caído, lastimado, herido y el pecado distorsionó la maravillosa obra de Dios. Por eso debemos recorrer el viaje al corazón para encontrarnos con Dios y con el diseño con el que fuimos formados.

Por eso, todos los días toma tiempo para bendecir tu vida, y reconocer las virtudes con las que te dotó. No gastes tiempo en escuchar lo que te roba las fuerzas o te lastima el corazón. Llegó el momento de ver a Dios revelado en nuestras vidas y de creer que estamos aquí para cumplir un propósito extraordinario. ¡Vívelo!

Capítulo 2

UN ASOMO A LOS ESPEJOS

Todos tenemos una autoimagen que vamos formando mientras crecemos, cada uno determina lo que quiere pensar de sí mismo, sea esto real o no. Por ejemplo, leí sobre una actriz a la que todos admiraban por su belleza. En una entrevista ella confesó que se veía y se sentía fea. La pregunta que surge es, ¿qué determina que sea bella o fea? Ella misma, porque no importa lo que piensen los demás, ella elige el espejo en el que desea verse y este espejo la define. Si se observa a partir de las palabras de descalificación que le dañaron en su infancia, será fea. Si elige verse en el espejo físico y determina que el estándar que observa es feo, será fea o bella.

Igual ocurre con nuestra inteligencia. ¿Qué determina que seamos inteligentes o no? El espejo en el cual elijamos observarnos. Por eso, necesitamos fortaleza espiritual y emocional para enfrentar las modas, las comparaciones, la burla, el menosprecio, y tener determinación para vernos en el espejo correcto.

El espejo puede mentir

La otra imagen que nosotros tenemos es la imagen del espejo. En esta misma historia de Elizabet, note bien que el sacerdote Zacarías está en un lugar donde solo los sacerdotes pueden estar. En eso, entra un ángel. Inmediatamente Zacarías tiene miedo, porque nota que está frente a un ser celestial. Si estoy frente a un ser celestial, me va a decir algo celestial, con autoridad celestial.

Pero Zacarías lo escucha desde el otro espejo equivocado. El ángel le dice: *"...Zacarías, no temas; porque tu oración ha sido oída, y tu mujer Elizabet te dará a luz un hijo, y llamarás su nombre Juan* (Lucas 1:13). Zacarías le dice: *"¿En qué conoceré esto? Porque yo soy viejo, y mi mujer es de edad avanzada"* (v.18).

Si notas bien ahí ese detalle, Zacarías ni siquiera le dice que la mujer es estéril. Porque quiere decir que cuando yo veo mi imagen en el espejo, quedo descalificado para lo que me está diciendo que puedo ser: papá. Voy a ser papá, y ya no quedo descalificado.

Con "soy Zacarías" lo que le estoy diciendo es "Soy yo, tengo esta imagen, soy Zacarías, estoy viejo", aunque tengo esa oración en secreto. El ángel viene a revelar la imagen correcta de él. En lugar de responderle a la imagen que Zacarías proyecta, el ángel se presenta a sí mismo de manera fascinante, diciendo: *"Yo soy Gabriel, que estoy delante de Dios"* (v.19).

Zacarías pone la imagen, que es la imagen del espejo físico, es en la que yo me miro en mi habitación cuando estoy solo, no hay nadie más, y estoy yo frente al espejo. El espejo físico va a definirme. Este va a definir mi imagen, la que yo tengo de mí mismo. Pero ni la sociedad ni yo mismo defino mi imagen, quien la define es Dios, porque Él conoce de mí lo que yo mismo no conozco, por eso, dejemos que sea Dios quien nos defina. Mi imagen, ¿quién me la da? Dios. Y lo que el ángel viene a recordarle a Zacarías es que la imagen de él quien la define es Dios. Es fascinante porque a pesar de mis dolores, de mis complejos, de mis miedos, de mis errores, a la hora de definirme a mí mismo, Dios sigue creyendo en mí, y sigue revelando la imagen correcta. ¿Cuál es la imagen correcta?

Primero dice: "Tu oración ha sido escuchada, tu mujer Elizabet te dará a luz un hijo. No podrás hablar hasta que esto acontezca" (vs. 13 y 20, paráfrasis del autor). Lo que le está haciendo el ángel es que lo manda a concentrarse hasta encontrarse en Dios, y que sea sanada su imagen.

Otro espejo es el de la sociedad, que tristemente te va a herir. Esa sociedad tiene cánones y tiene patrones, como alto, guapo, bello, tez blanca. Esos patrones o cánones tienen otro aspecto: la moda. Más adelante, hablaremos de esto en profundidad.

Solo mamá y papá, cuando tienen una imagen correcta de ellos mismos, son capaces de nutrirnos de una imagen sana de nosotros mismos. Si no, cuando papá y mamá están heridos también van a lastimarnos diciéndonos "tonto", "estúpido", "no sirves para nada", "mira a tu hermana", "¿por qué no te esfuerzas?", "yo trabajo duro para que usted saque esas calificaciones". Cada vez que hay ese tipo de palabras, nos hieren.

El espejo del amor

Cuando tenemos una relación de amistad, de hermanos, de esposos, cada uno de nosotros es espejo, usted es espejo en el cual se mira el otro. Entonces yo voy a reconocerme. Al convivir contigo, me es fácil reconocer tus defectos, porque al estar cerca los defectos se evidencian. Pero no definen la imagen.

Es una línea sumamente fina, porque nuevamente la persona tiene que escoger el espejo físico o el espejo del amor, pero el espejo más fuerte es el espejo del amor. El espejo del amor es el espejo de Dios. Porque nos amamos yo voy a proyectar la imagen correcta tuya, y eso significa disimular y disculpar tus errores y defectos; disimular aquellas cosas en las que no eres bueno o no eres destacable, porque yo sé que es fácil humillarte.

¿Cómo? Simplemente resalto las áreas en donde no eres fuerte, y es fácil verlo cuando estamos cerca. Esto es lo que usa una persona herida para lastimar al otro; simplemente le dice: negro, o chino, o indio, o estúpido, o tonto, o gordo o feo, flaco, o le pone un sobrenombre, y sabe que con solo decirlo lo va a herir. ¿Por qué? Porque en el fondo todos somos seres humanos con sensibilidad, con emociones frágiles.

Cuando hay amor y estamos cerca, yo no miro ni que eres gordo, ni que eres chino, ni que eres alto o bajo; simplemente te acepto, te admiro y te amo. El amor de Dios hace que me acepte y me permite valorar tus virtudes y darte una aceptación total. Se llama amor. Por ejemplo, Helen y yo llevamos 32 años casados, y Helen es más bella que cuando tenía 21.

Si la miras en el espejo físico, en la imagen del espejo físico dices: "No me da, la lógica no da, no suma, porque un cuerpo de 21 es diferente a un cuerpo de 53. ¿Cómo es que es más bella a los 53?". ¿Qué lo determina? Mis ojos.

Eso nos lleva a algo más profundo, más importante. Mis ojos tienen que ser sanos para ver todo sano. Mis ojos tienen que estar sanos, mi corazón tiene que estar sano para que mis ojos proyecten la imagen correcta. Entonces yo tengo que entender que soy espejo en donde se miran las demás personas.

¿Qué ves en el espejo?

Ahora, de vuelta al primer espejo, que es el espejo donde yo me miro a mí mismo. Es el espejo físico y tiene varias características. Si te miras en un espejo cóncavo tiene una imagen. Si te miras en un espejo convexo tiene otra imagen. Si te miras en un espejo plano tiene otra imagen. Si te miras en un espejo malo, de mala calidad, tiene una imagen distorsionada. Si te miras en un espejo de una extraordinaria calidad, bien hecho, tiene una imagen nítida, casi perfecta.

Tú casi puedes atravesar el espejo y sentir que está. No sabes si estás del otro lado o de este lado porque la imagen es perfecta. El espejo tiene varias formas, pero al ser humano no lo determinan las formas que el espejo te proyecta; lo determina el corazón. Eso es lo que le da la forma al espejo físico. En ese espejo yo debo ver la obra que Dios dice que yo soy.

Es tan poderosa la forma en la que Dios sana la imagen del ser humano que yo creo que Pedro vivió esperando el momento en el que Dios le reclamara por haberlo negado en Lucas, Capítulo 22. Sin embargo, en el evangelio de Marcos, el ángel les dice a las mujeres: *"Pero id, decid a sus discípulos, y a **Pedro**, que él va delante de vosotros a Galilea; allí le veréis, como os dijo"* (Marcos 16:7).

Es hermosa la escena. Nunca Dios le reclamó porque lo negó. Así nos trata Dios, con ese nivel de amor. Lo que sana la imagen lastimada de todo ser humano es el amor de Dios, porque es cubierto de tal manera que le da prueba suficiente, prueba tras prueba como en el caso de Gedeón. Dios lo condujo por el camino, paso a paso, hasta sanar su corazón y darle pruebas suficientes para que entendiera que él era la persona elegida por Dios para ese momento, para salvar su familia e influenciar una generación.

Eso es lo mismo que quisiere hacer por ti a través de este libro: que entiendas en tu corazón que hay un propósito que cumplir, que hay dones correctos, que Dios no se ha equivocado, que Dios no llegó tarde.

Otra cosa que lastima nuestra autoimagen es ser una persona perfeccionista, lo cual no nos permite disfrutar los éxitos alcanzados, porque fijamos la mirada en los errores y no en la belleza de la obra realizada.

Los perfeccionistas tienen que aprender a tener satisfacción por la tarea realizada, por los logros obtenidos y deben celebrar los éxitos al máximo, porque esto los hará personas felices. Pero no les es fácil porque su nivel de crítica es alto.

No permitamos que una imagen distorsionada de nosotros mismos nos robe el privilegio de ser felices, y de vivir como personas realizadas y plenas. Todos en algún momento sentiremos que no somos la persona correcta, y esto lo determina la experiencia que estamos viviendo.

Hace mucho tiempo me apresuré en una decisión que debía tomar, y en lugar de buscar el consejo de los profesionales, confié en la buena fe de las personas con las que estaba, y este error arriesgó por varios años un proyecto anhelado. Esto me robó el sueño muchas noches, me robó la paz que debía haber disfrutado en esos momentos, y eso implica que le robó vida a mis años. Muchas veces las oraciones de mi familia y de mis amigos me sostuvieron. Con el tiempo, Dios hizo el milagro de restituir lo que yo había arriesgado.

La pregunta que me hice fue: ¿por qué dejé que la culpa me dominara?, ¿por qué no confié en Dios esas noches largas?, ¿por qué si sabía que un día Dios haría el milagro, permití que la paz, el gozo, y la alegría no estuvieran? Luché internamente porque me descalificaba y nadie lo estaba haciendo. Dios quería llenarme de fe, esperanza y confianza en Él, pero yo sentía que necesitaba castigarme por el error cometido. ¿Pero por qué, si había sido perdonado hace dos mil años atrás? Cuando vimos el milagro de Dios, me reí de mí mismo, y me dije: "Sabía que debía haber experimentado esta paz hace mucho tiempo". Aprendí que no importa el error, hay perdón para todas mis faltas y Dios siempre convierte nuestras debilidades en oportunidades para crecer.

En la ruta hacia construir y restaurar nuestra autoimagen, conozcamos en detalle la influencia de los espejos donde nos miramos.

Capítulo 3

EL EFECTO DEL ESPEJO FÍSICO

Cuando éramos niños comenzamos a reconocernos en el espejo. Nuestros padres nos muestran la imagen y nos llaman por nuestro nombre. Esa imagen nos identifica. Hasta que un día nos reconocemos, ahora el espejo refleja una imagen que comienza a identificarnos. De pronto, vemos que somos altos o bajos, blancos o morenos, pecosos o con lunares, gordos o delgados. Estas son solo características físicas, pero sin pensarlo, comenzamos a darle valor a lo que escuchamos que los demás dicen de nosotros.

Ella dijo: "Cuando yo estaba en la escuela y mi familia iba a la playa, escuchaba a las amigas de mi mamá decir que ahí iba la 'morena', porque yo era la de tez oscura en la casa. Comencé a notar que el comentario llevaba una carga negativa, porque no era blanca como mis otras hermanas. Esas palabras comenzaron a definirme como alguien diferente, y no quería ser diferente para no experimentar rechazo. Aunque sabía por dentro que era hermosa, porque todos los días mis padres me lo decían de mil formas, en el fondo era lastimada cuando me comparaban. Estaba construyendo lentamente la imagen que hoy tengo de mí misma".

Cuando escuché a esta joven contar su historia en una conversación casual, me di cuenta del poder que tienen las palabras en la vida de los niños. Lo perciben todo, se enteran si son rechazados o aceptados, si son feos o guapos, si son apreciados o menospreciados; si deseaban que naciéramos o no, si nuestros padres querían una niña y nacimos varón.

Son nuestros padres los primeros que nos permiten definir la imagen que vemos en el espejo. Luego lo definen nuestros hermanos, los amigos y luego viene el centro educativo, donde se alimenta la comparación, se premian los buenos resultados, y aparecen los ganadores y los perdedores. También aparecen los deportes, donde algunos son buenos y otros no tanto.

Pero lo más cruel de todo es que todo el sistema está definido por los estándares de belleza que dicta la moda, las marcas, el estatus social, el apellido, el dinero, la habilidad deportiva y la apariencia. Esto nos enfrenta al desafío de tener que estar en cierto centro educativo privado donde van los amigos, estar en el club a donde asisten los conocidos, tener el auto del año y vestir con las marcas que todos tienen. Vivimos en un mundo donde los anti-valores de la belleza, la inteligencia y la habilidad deportiva dominan el mercado, y se distorsiona la imagen que vemos en el espejo.

Aquella niña bella, abrazada, aceptada, amada, apreciada y estimulada, ahora se ve fea, inadecuada, incapaz, rechazada, y es cuando surgen los sentimientos más tristes que pudiéramos tener: "Me siento feo, incapaz y tonto". Y el pensamiento de muchos niños y jóvenes es: "Para qué vivir". "Por qué tuve que nacer". "Por qué no soy como

Valentina". "Por qué no soy tan buen atleta como Cristiano, o canto como John". "Quisiera desaparecer". "No me gusta lo que veo en el espejo y lo que los demás dicen que soy". Lo que ocurre es que la imagen está herida porque nos comparamos con los demás, y para ser aceptados, debemos andar a la moda que no puedo comprar.

Esto se acentúa cuando somos extranjeros, no hablamos el idioma o cuando somos de una raza muy diferente a la de la mayoría de la comunidad donde vivimos.

Es aquí cuando surgen los complejos, los miedos, el rechazo, y tengo sentimientos negativos hacia mí mismo. No quiero ser yo, porque imagino que las otras personas tienen lo que yo no tengo, sin percatarme que en el fondo, muchos luchan con lo que yo estoy luchando.

Esto me ocurrió porque soy un provinciano que llegó a estudiar su carrera universitaria a la ciudad. Hablaba diferente, el color de mi piel era diferente, y me sentía diferente. Muchas veces me decía a mí mismo que era mejor en mi pequeño pueblo, donde la mayoría de las personas nos conocíamos y éramos amigos; donde todos jugábamos juntos y no había mucha diferencia social. La mayoría vivíamos en casas de madera y jugábamos en la misma plaza. Andábamos en autobús y nos bañábamos en el mismo río. Comíamos frutas de los árboles y nuestros padres trabajaban fuerte para sostener la familia. Íbamos juntos a la iglesia y comíamos en familia.

Ese ambiente protegido se había ido, y ahora estaba en una jungla de personas extrañas. Fue con el tiempo que me enteré de que la mayoría luchábamos con miedos y complejos. Que algunos venían de los barrios del sur, y otros del norte. Que unos habían estudiado en colegios privados y otros en centros educativos públicos. Que algunos tenían autos de lujo y otros andaban en autobús como yo. Pero no importa de dónde venían tenían los mismos miedos y complejos que cada ser humano de una u otra forma enfrenta. La diferencia es que algunos sabían disimular mejor su dolor, y otros no.

La pregunta que surge es, ¿con el tiempo las personas maduran y se aceptan como son? Fue mientras estudiaba Derecho que me enteré de que no era así. En una ocasión un profesor me dejó en una materia y yo no lo comprendía, porque era un buen estudiante en el resto de las materias. Me preguntaba ¿por qué este profesor es tan duro conmigo? Y un día le pregunté a su asistente la razón y mi amigo me dijo: "No le caes bien al profesor. No le gusta tu sonrisa, tu alegría y tampoco que seas cristiano. Por eso te reprobó en esta materia".

Fue cuando me dije a mí mismo: "¿Cómo un simple estudiante de 20 años se levanta como una amenaza ante un destacado profesional que tiene apariencia de ser exitoso y es una persona realizada?". Hoy comprendo que no importa la edad que tengas, si dejas que el espejo físico te defina, serás dominado por los complejos y el miedo. Por esta razón, algunos profesores dicen en su primera clase: "Yo soy el profesor, soy el único que sabe y en esta clase yo mando y digo quién pasa al siguiente curso y quién aplaza". Olvidó que su misión es transmitir conocimiento, instruir a sus alumnos, hacerlos brillar y compartir todo lo que sabe de tal forma que sus pupilos lleguen a ser mejor que él. Pero este profesor actúa así, no porque quiere, sino porque tiene una imagen herida de sí mismo y se aprovecha de la situación para vengarse de la sociedad que un día le generó el complejo o, sin quererlo, se está vengando de la familia que le lastimó. Porque somos el fruto del entorno en el cual hemos crecido.

Es por esta misma razón que un hombre en su hogar se porta como un déspota, y se atreve a golpear a su bella esposa o a sus frágiles

hijos. La pregunta que surge es: ¿de dónde tanta inmadurez, cruel-
dad, bajeza, poca hombría y cero control emocional? Del rechazo que
siente de sí mismo, de eso que se ha acumulado con el tiempo y no ha
sabido cómo sanar. Porque cuando no somos capaces de aceptarnos,
amarnos y admirarnos como corresponde, vamos a golpear, a juzgar y
a lastimar porque no soportamos que los demás sean felices, triunfen
y les vaya bien, mientras nosotros nos sentimos mal, frustrados y mar-
ginados. Por eso herimos a los demás, porque estamos peleados con el
mundo, porque fuimos heridos mientras crecíamos.

El error de Zacarías, que mencionamos en otro capítulo, fue que se
observó en el espejo equivocado, se miró en el espejo físico y se sintió
"anciano y viejo" y por lo tanto, se descalificó. No se sentía capaz y
apto para cumplir la misión de ser padre. Eso significa que yo podría
echar a perder una gran historia si me observo en el espejo equivocado. Podría descalificarme, menospreciarme, mientras que Dios piensa
que soy la persona correcta, y en el lugar correcto para vivir la gran
aventura de mi vida.

El espejo puede decirnos que somos muy jóvenes o muy viejos, que
somos feos, inadecuados o incapaces, mientras Dios dice que Él ha
escuchado nuestra oración y que estamos a punto de ver un milagro.

Para definirme correctamente, no puedo dejar que sea el espejo físico,
la edad, el ser hombre o mujer, la estatura, el color de mi piel, mi origen étnico, mis habilidades, mi inteligencia o mi apariencia lo que me
califique. Porque todos esos aspectos los conozco en parte, y yo tengo
una visión parcializada de la persona que soy.

Quien puede definirme es quien mejor me conoce: el que me formó
en el vientre de mi madre, quien me ha visto crecer, quien puso en mí
cada don, la dosis de inteligencia necesaria, cada parte de mi cuerpo y

todo lo que soy. Es quien diseñó el plan de mi vida y conoce cada día de mi existencia. Quien ha estado conmigo desde antes de nacer y me ha acompañado mientras me he desarrollado. Quien conoce los días que me faltan por vivir y cuánto puedo hacer en los años que me quedan. Quien renueva las fuerzas del cansado y hace que de dos ancianos en donde ella es estéril, nazca el profeta más grande de la historia como lo fue Juan el Bautista.

> SI ME VEO EN EL ESPEJO FÍSICO, PODRÍA DESCALIFICARME, PERO SI ESCUCHO A DIOS, ME SORPRENDERÉ.

Me parece que Gabriel le hace una broma a Zacarías, porque cuando Zacarías se define como anciano y le indica que su esposa también lo es. Le está diciendo: "Creo que usted se ha equivocado, porque nosotros no podemos tener hijos a esta edad y mi esposa es estéril, y eso nos descalifica". Ante la presentación de Zacarías revelando la imagen que tiene de sí mismo, el ángel también se presenta y le indica: "Yo soy Gabriel y estoy a las órdenes de Dios…" Como quien dice: "Dios no está improvisando la historia, ni vine a buscar un joven de 20 años. Fui enviado a Zacarías, porque desde antes de que usted naciera se había diseñado el plan. Dios no ha llegado tarde para realizar el milagro. Todo es parte de un plan perfecto y estaba diseñado de esta manera. Usted y su esposa han sido elegidos para esta misión y es en este tiempo que debe cumplirse".

Es aquí cuando uno dice: "¡Yo! Siendo la persona que soy!" Por eso, soy lo que Dios dice que soy, y puedo hacer lo que Dios dice que puedo hacer. Si me veo en el espejo físico, podría descalificarme, pero si escucho a Dios, me sorprenderé.

Otro ejemplo maravilloso que evidencia cuánto nos equivocamos cuando nos vemos a nosotros mismos en el espejo equivocado es Gedeón. En la época de Gedeón, Israel se había apartado de Dios y el mal había llegado sobre ellos, pero Dios había descendido para defenderlos y liberarlos porque clamaron a Él. Dios decidió utilizar a Gedeón para liberar al pueblo, pero él se descalificó porque se observó así mismo en el espejo físico.

Leamos la historia.

> *Entonces el ángel del Señor vino a Ofra y se sentó debajo de una encina, que era propiedad de Joás el abiezerita. En ese momento Gedeón, el hijo de Joás, estaba en el lagar...* **Y el ángel del Señor se le apareció y le dijo: «El Señor está contigo, porque eres un hombre valiente y aguerrido".** *Y Gedeón le respondió: «Señor mío, si el Señor está con nosotros, ¿cómo es que nos ha sobrevenido todo este mal? ¿Dónde están las maravillas que nuestros padres nos contaron, cuando nos decían que el Señor los había sacado de Egipto? ¡Pero ahora resulta que el Señor nos ha desamparado, y que nos ha entregado en manos de los madianitas!» El Señor lo miró fijamente, y le dijo:* **«Con esa misma fuerza que demuestras, vas a salvar a Israel del poder de los madianitas. ¿Acaso no soy yo quien te está enviando?»** *Pero Gedeón le respondió: «Mi señor, ¿y cómo voy a salvar a Israel? ¡Yo soy de la familia* **más pobre que hay en Manasés, y en la casa de mi padre soy el más pequeño!»** *El Señor le dijo: «Confía en mí, porque yo estoy contigo. Tú derrotarás a los madianitas como si se tratara de un solo hombre»* (Jueces 6: 11-16 rvc).

Sin darnos cuenta podemos dejar que las circunstancias que nos rodean nos definan y distorsionen la imagen que vemos en el espejo.

En el caso de Gedeón son la pobreza, el temor a los enemigos, pero cuando se define a sí mismo se observa como *"pobre y el menor de la casa de su padre".*

Es fácil dejar que las circunstancias nos definan: haber nacido en una familia pobre, sentir que venimos de una comunidad con poca importancia, que somos los más pequeños de la casa, eso define la fuerza que tenemos, y cuánto podemos hacer. Nos sentimos descalificados para cumplir la misión que Dios tiene para nosotros. ¿Por qué? Porque nos estamos viendo en el espejo equivocado y hemos dejado que los complejos nos dominen y nos limiten.

Dios nos recuerda que no valemos por lo que creemos que somos o podemos. Valemos porque Dios camina con nosotros y nos invita a confiar en Él.

Dios observa la fuerza que Gedeón tiene, el potencial de liderazgo que le identifica, la fe que lo anima y la valentía que lo define. Pero Gedeón no lo logra ver, porque el sufrimiento que ha vivido por años lo desfiguró, lo hirió, le robó el privilegio de tener la autoimagen correcta. Por eso Dios le pone un nuevo espejo y me gusta cuando se narra que *"El Señor lo miró fijamente, y le dijo…"* (Jueces 5: 14)

Es en los ojos de Dios donde debo verme, porque es ahí donde puedo ver la imagen correcta de lo que soy y define cuánto puedo hacer. Si veo las circunstancias me voy a equivocar, si veo que soy el menor de mi casa y que no merezco ese honor, me voy a equivocar. Si dejo que la adversidad que hemos vivido nos defina, nos vamos a equivocar, porque terminaremos descalificados, y sentiremos que es imposible vencer al enemigo. Por eso, antes de ir a la batalla, Dios tiene que tratar con nosotros. En esta historia Dios afirma a Gedeón, y camina con él hasta que esté seguro de que puede cumplir la misión. Dios no nos descalifica porque dudamos o preguntamos. Él sabe lo que pensamos y cómo nos sentimos, y esto demuestra que nos ama como somos.

No podemos enfrentar las luchas externas si primero no vencemos los gigantes que nos dominan por dentro: gigantes como la incredulidad, los complejos, los miedos, las comparaciones y la descalificación. Dios quiere que nos encontremos con su mirada y escuchemos su Palabra, porque nos llenan de vida, de fuerza, y definen lo que realmente somos. Dios le revela a Gedeón lo que realmente es y cuánto puede, porque nadie lo conoce mejor que Él. Por eso le dice que es un hombre valiente, esforzado, fuerte, perseverante y por lo tanto, lo ve equipado y listo para vencer en la batalla que debe enfrentar por su pueblo.

Por eso, cuando Dios te desafíe a cumplir una misión, no te descalifiques por la edad que tienes, porque no eres el mejor promedio, porque no eres el más alto, o el más apto. Si crees que esto es lo que te define, te podrías estar viendo en el espejo equivocado. Llegó el momento de vernos en los ojos de Dios.

Yo no puedo dirigir a mis hijos a amar, si yo no sé amar. Yo no puedo dirigir a mis hijos a ser valientes, si yo no soy valiente. Yo no puedo conducir a mi familia a un mejor puerto, si yo no sé cómo llegar. Lo primero que yo debo permitirle a Dios es sanar la imagen que yo tengo de mí mismo. Lo logro cuando dejo de verme en el espejo físico y me encuentro con Él en la intimidad. Eso es difícil porque son los espejos con los que nos relacionamos todos los días y los que más impacto tienen en nosotros.

Capítulo 4

EL ESPEJO DEL ENTORNO DE CRIANZA

Somos el reflejo del hogar donde nacimos, porque todos llevamos marcas profundas que dejaron en nosotros las personas con las que crecimos. Sean nuestros padres, nuestros hermanos o las personas que nos criaron.

Por ejemplo, ¿te imaginas crecer en una familia en donde no nos toman en cuenta para los eventos importantes y señalan constantemente nuestros errores, o nos estigmatizan como personas con malas intenciones? Este fue el caso del joven David.

David cuidaba las ovejas cuando el profeta Samuel llegó a su casa para ungir al rey de Israel. Dios le había dicho a Samuel que fuera a la Casa de Elí para ungir al nuevo rey de Israel. Elí convoca a sus hijos porque el profeta le dijo que los llamara. Los llama a todos menos a David, que cuidaba las ovejas.

—Sí —contestó Samuel—, vine para ofrecer un sacrificio al Se-ñor. Purifíquense y vengan conmigo al sacrificio. Luego Samuel *realizó el rito de purificación para Isaí y sus hijos y también los invitó al sacrificio. Cuando llegaron, Samuel se fijó en Eliab y pensó: «¡Seguramente este es el ungido del Señor!». Pero el Señor le dijo a Samuel: —No juzgues por su apariencia o por su estatura, porque yo lo he rechazado. El Señor no ve las cosas de la manera en que tú las ves. La gente juzga por las apariencias, pero el Señor mira el corazón… Después Samuel preguntó: —¿Son estos todos los hijos que tienes? —Queda todavía el más joven —contestó Isaí—. Pero está en el campo cuidando las ovejas y las cabras. —Manda llamarlo de inmediato —dijo Samuel—. No nos sentaremos a comer hasta que él llegue. Entonces Isaí mandó a buscarlo. El joven era trigueño y apuesto, y de hermosos ojos. Y el Señor dijo: —Este es, úngelo. Al estar David de pie entre sus hermanos, Samuel tomó el frasco de aceite de oliva que había traído y ungió a David con el aceite. Y el Espíritu del Señor vino con gran poder sobre David a partir de ese día (1 Samuel 16: 5-13).*

David no había sido tomado en cuenta cuando el profeta llamó a los hijos de Isaí. Era el menor de la casa, cuidaba las ovejas y parecía que no era importante por ser el menor. Pero Dios tenía otros propósitos con él y eran diferentes al valor que tenía ante su familia. Ninguno de nosotros vale menos porque es el menor de la casa o el del centro. No valemos menos porque no seamos los favoritos de los padres. Valemos porque Dios nos ha formado con dones maravillosos y con propósitos que van más lejos de lo que imaginamos. Nunca subestimes tu vida porque tu familia vive un momento difícil producto de un divorcio, o divisiones por temas de dinero, herencias o favoritismos. Estas experiencias son importantes porque forman el carácter y nos permiten crecer más de lo que imaginamos.

David no solo era el menor de la casa, sino que experimentaba el menosprecio de sus hermanos y era juzgado constantemente. La razón por la que era menospreciado podría ser por su sencillez, su autenticidad, su espíritu de lucha, su corazón noble y su valentía. Pero estas características no eran apreciadas por sus hermanos.

Observa lo que vive David cuando visita a sus hermanos que están en el campo de batalla. Es en esta aventura donde Dios lo honra en público, pero a la vez da una muestra de valentía, autenticidad, y se levanta como un héroe en Israel. Se levanta porque en el campo cuidando ovejas aprendió quién era y cuánto valía.

> *Un famoso guerrero, oriundo de Gat, salió del campamento filisteo. Su nombre era Goliat, y tenía una estatura de casi tres metros. Llevaba en la cabeza un casco de bronce, y su coraza, que pesaba cincuenta y cinco kilos,] también era de bronce, como lo eran las polainas que le protegían las piernas y la jabalina que llevaba al hombro. El asta de su lanza se parecía al rodillo de un telar, y tenía una punta de hierro que pesaba casi siete kilos… Goliat se detuvo ante los soldados israelitas, y los desafió… ¿Por qué no escogen a alguien que se me enfrente? Si es capaz de hacerme frente y matarme, nosotros les serviremos a ustedes; pero, si yo lo venzo y lo mato, ustedes serán nuestros esclavos y nos servirán» … ¡Elijan a un hombre que pelee conmigo!» … David: «Toma esta bolsa de trigo tostado y estos diez panes, y vete pronto al campamento para dárselos a tus hermanos. Lleva también estos diez quesos para el jefe del batallón. Averigua cómo les va a tus hermanos, y tráeme una prueba de que ellos están bien. Los encontrarás en el valle de Elá, con Saúl y todos los soldados israelitas, peleando contra los filisteos» …*
> (1 Samuel 17: 1-19)

David preguntó a los que estaban con él: — ¿Qué dicen que le darán a quien mate a ese filisteo y salve así el honor de Israel? ¿Quién se cree este filisteo pagano, que se atreve a desafiar al ejército del Dios viviente? —Al que lo mate —repitieron— se le dará la recompensa anunciada. **Eliab, el hermano mayor de David, lo oyó hablar con los hombres y se puso furioso con él. Le reclamó: — ¿Qué has venido a hacer aquí? ¿Con quién has dejado esas pocas ovejas en el desierto? Yo te conozco. Eres un atrevido y mal intencionado. ¡Seguro que has venido para ver la batalla! — ¿Y ahora qué hice? —protestó David—. ¡Si apenas he abierto la boca!** *Apartándose de su hermano, les preguntó a otros, quienes le dijeron lo mismo.* **Algunos que oyeron lo que había dicho David se lo contaron a Saúl, y este mandó a llamarlo. Entonces David le dijo a Saúl: — ¡Nadie tiene por qué desanimarse a causa de este filisteo! Yo mismo iré a pelear contra** *él* (1 Samuel 17: 26-32).

Cuando leo esta historia veo a un David que es menospreciado y juzgado por sus hermanos. Se le habla con enojo y es juzgado por sus intenciones; es menospreciado por el trabajo que realiza en su casa.

No es fácil vivir sintiéndose menospreciado, humillado, juzgado y desechado. Pero David tenía una relación profunda con Dios y esto le nutría de fuerza. En el campo luchaba con leones y osos cuidando las ovejas de su padre. Tenía un corazón noble y servía a la familia con liberalidad. Estas características son las que identifican a David y le permiten ir creciendo hasta convertirse en un joven valiente, determinado, firme en sus convicciones, valeroso y auténtico en su forma de ser. Nada lo detenía, no adelantaba los tiempos, y mientras crecía con sus padres y sus hermanos, Dios formó el carácter de un valiente.

Era una persona con una relación profunda con Dios y esta autenticidad le permitía ser genuino y dependiente de Dios. Por eso, no menosprecies a tu familia ni la realidad que vives, porque Dios utiliza todo lo que vivimos y experimentamos en casa para formarnos como personas de bien y levantarnos como fuente de bendición para nuestras propias familias.

Observa cómo David, viviendo lo que vivía en su casa, en el momento indicado se levanta como un defensor valiente de su familia y de su pueblo. Pero eso era el entrenamiento para convertirlo en el rey que un día llegaría a ser.

Entonces David le dijo a Saúl: — ¡Nadie tiene por qué desanimarse a causa de este filisteo! Yo mismo iré a pelear contra él. — ¡Cómo vas a pelear tú solo contra este filisteo! —replicó Saúl—. No eres más que un muchacho, mientras que él ha sido un guerrero toda la vida... **Si este siervo de Su Majestad ha matado leones y osos, lo mismo puede hacer con ese filisteo pagano, porque está desafiando al ejército del Dios viviente. El Señor, que me libró de las garras del león y del oso, también me librará del poder de ese filisteo...** *tomó su bastón, fue al río a escoger cinco piedras lisas, y las metió en su bolsa de pastor. Luego, honda en mano, se acercó al filisteo...* Le echó una mirada a David ... Y maldiciendo a David en nombre de sus dioses, añadió: — ¡Ven acá, que les voy a echar tu carne a las aves del cielo y a las fieras del campo! **David le contestó: —Tú vienes contra mí con espada, lanza y jabalina, pero yo vengo a ti en el nombre del Señor Todopoderoso, el Dios de los ejércitos de Israel, a quien has desafiado. Hoy mismo el Señor te entregará en mis manos...** *y todo el mundo sabrá que hay un Dios en Israel... La batalla es del Señor, y él los entregará a ustedes en nuestras* *manos… Metiendo la mano en su bolsa sacó una piedra, y con la honda se la lanzó al filisteo, hiriéndolo en la frente. Con la piedra incrustada entre ceja y ceja, el filisteo cayó de bruces al suelo.* **Así fue como David triunfó sobre el filisteo: lo hirió de muerte con una honda y una piedra, y sin empuñar la espada"** (1 Samuel 17: 32-50).

Fue en casa donde David aprendió a cuidar ovejas, a matar leones y osos. Es en casa donde desarrolla el carácter necesario para defenderse de los ataques emocionales de sus hermanos. Ya conocía lo que era ser menospreciado. Por eso no se amedrenta ante el gigante que lo critica y se burla de él. Es en casa donde David aprende a ser él mismo, el joven sencillo que cuida ovejas con las piedras del río. Pero sobre todo, es en el campo mientras cumple su misión como hijo, que desarrolla una profunda relación con Dios que le nutre de fe su manera de actuar. La diferencia entre David y sus hermanos fue su corazón y su relación con Dios. David sabía quién era y cuánto podía. No tenía que impresionar a los demás con ropas reales y no necesitaba tener apariencia de soldado para matar al enemigo.

DIOS NOS UTILIZARÁ SIENDO LA PERSONA QUE SOMOS.

David era él en su esencia, auténticamente él en su forma de ser. No tuvo problemas en exponerle al Rey Saúl quién era y lo que hacía. Tampoco tuvo problemas en reconocer que no podía caminar con la ropa de otra persona. Por la vida debemos caminar siendo nosotros y es con lo que tenemos que Dios hará lo que desea hacer. Es siendo lo que somos y ofreciendo a Dios lo que tenemos que podremos enfrentar las luchas que se presentan en la vida. No tenemos por qué fingir que somos de la nobleza si no lo somos; no tenemos por qué parecer guerreros expertos si no lo somos. Dios nos utilizará siendo la persona que somos. Lo que hemos vivido en nuestros hogares es entrenamiento para enfrentar la vida con la ayuda de Dios. No menosprecies las experiencias vividas, no subestimes la familia en la que naciste, no tengas en poco la persona que eres. Porque Dios ha venido a tu casa a buscarte para ungirte y llevarte al lugar que Él se ha propuesto. No lo determina la familia donde naciste, lo determina el propósito que Dios tiene contigo. Deja que Dios te sorprenda y te llame por tu nombre a cumplir la misión que lleva tu nombre.

Como dijo José a sus hermanos que lo habían vendido como esclavo, lo menospreciaban y aun llegaron a desear matarlo.

> *Por eso Dios me envió delante de ustedes: para salvarles la vida de manera extraordinaria y de ese modo asegurarles descendencia sobre la tierra. Fue Dios quien me envió aquí, y no ustedes. Él me ha puesto como asesor del faraón y administrador de su casa, y como gobernador de todo Egipto* (Génesis 45: 7-8).

Es cuando pasan los años que llegamos a comprender por qué nacimos en esta familia, por qué vivimos en el país donde vivimos y por qué somos como somos. Dios utiliza cada circunstancia para formarnos y para revelarnos quiénes somos en realidad. Por eso, perdona a tu familia como lo hizo José. Porque es el perdón lo que nos permite comprender que nacimos para servirles y amarlos.

Todos pasamos por desiertos, hasta las personas más exitosas como lo fueron David y José. Podemos conocerlos como reyes y gobernadores, pero vivieron momentos difíciles y los más importantes los vivieron en sus propias familias. Estos momentos formaron en sus vidas las virtudes que necesitaban para ser los líderes que llegaron a ser.

Cada uno de nosotros es músico en una gran orquesta. Si yo aprendo a tocar la canción correcta, la partitura correcta, el instrumento correcto, soy capaz de construir juntamente con los demás la mejor de las sinfonías. Mi familia es una pequeña orquesta. Si yo desafino, voy a hacer que los demás desafinen y suenen mal. Si yo estoy usando el instrumento incorrecto voy a lucir mal, y los demás creerán que nacimos para ser mediocres.

Cuando yo aprendo a tocar la melodía correcta, con el instrumento correcto, con la alegría correcta, con la aceptación correcta, con la plenitud correcta, mis hijos querrán ser parte de esa orquesta. Porque verán un buen director, tendrán al lado alguien que les inspira y les cuenta cómo lo logró. Sabrán recorrer el camino de la perseverancia para desarrollar la habilidad que Dios les dio. Nuestros hijos aprenden mientras nos observan tocar el instrumento.

Es el principio que desarrollé en el libro de *Hijos Exitosos*, utilizando lo que Jesús dijo a sus discípulos: *"Ciertamente les aseguro que el que cree en mí las obras que yo hago también él las hará, y aun las hará mayores, porque yo vuelvo al Padre"* (Juan 14: 12).

Dios siempre nos sorprende. En esta escena vemos a nuestro Señor Jesucristo hablando de nosotros, los que hemos creído en Él. Él es el creador del mundo y de todo lo existente, es nuestro Dios, y dice:

> *Ciertamente les aseguro que el que cree en mí las obras que yo hago también él las hará, y aun las hará mayores, porque yo vuelvo al Padre. Cualquier cosa que ustedes pidan en mi nombre, yo la haré; así será glorificado el Padre en el Hijo. Lo que pidan en mi nombre, yo lo haré* (Juan 14: 12-14).

Nuestro Señor Jesucristo nos indica que nacimos para realizar cosas mayores, porque Él va al Padre a interceder por nosotros y nos confirma que todo lo que pidamos al Padre en su Nombre Él lo hará. Así nos afirma y comparte con nosotros su gracia, amor y poder. No estamos solos. Él camina con nosotros y nos guía paso a paso. Esto mismo debemos hacer con nuestra familia, porque hemos sido llamados a dar lo mejor de nosotros a los demás con la meta de que sean mejores que nosotros. Dios estableció la regla. Pero esto lo podemos lograr cuando hemos sido sanos en nuestra imagen interna y tenemos comunión con Dios.

Somos el espejo en el que se observan nuestros hijos. Por lo tanto, mi misión como padre, como persona, es realizarme, no solamente por mí, sino por nuestros hijos, la comunidad y el país que nos ha visto nacer. Mis hijos brillan en la dimensión en que yo logre apretar los botones correctos en ellos y les permita desarrollar su potencial. Si yo soy una persona llena de complejos y de miedos, tristemente voy a herir a mis hijos.

Por lo tanto, el viaje al corazón, a la realización, a descubrir la imagen correcta de quién soy yo, no me lleva solamente a mi autorrealización, sino que es la plataforma para que mi familia alcance un mejor nivel de vida. Un ejemplo de esto son mis padres. Nos instruyeron en valores, nos educaron en principios bíblicos, nos llevaron a la Iglesia cada domingo, nos hablaron de trabajo, nos hicieron visionarios, nos enseñaron a vivir con pasión, a servir a los demás y nos mostraron cómo amar a Dios. Nos enseñaron a orar, y a creer que podíamos lograrlo, y esa fue la imagen con la que yo crecí. Me dieron la imagen correcta, y fue la plataforma sobre la cual yo crezco hoy.

Cuando yo veo a mi papá a sus 91 años, feliz y realizado, me pone el espejo correcto. Es fácil de atender, fácil de amar, agradecido y ríe con la vida. Por eso mi papá, aunque tiene muchas enfermedades, siempre está bien. Yo quiero verme en el espejo correcto, para inspirarme, crecer, cobrar fuerza y tener calidad de vida.

Mi papá sabe cantar la canción de la vida, la melodía que produce paz, esperanza y ánimo. Por eso, una autoimagen saludable no tiene nada que ver con la edad, la moda o la apariencia. Tiene que ver con un corazón sano, con la capacidad de perdonar a quienes nos han lastimado y la habilidad para no dejar que los demás nos definan equivocadamente.

Muchas veces me pregunto: "¿Cómo lo logró?". Lo define el espejo en el que me observo. Si me veo en el espejo de la sociedad que me mide por mi nivel de inteligencia, la apariencia que tengo, el dinero que poseo, la casa donde vivo, los títulos que he obtenido, termino comparándome y siempre hay ganadores y perdedores. El camino es el viaje al corazón para encontrarme con Dios en la intimidad de mi ser interior.

Capítulo 5

EL ESPEJO DE LA SOCIEDAD

Si observamos nuestra imagen en el espejo incorrecto vamos a lastimar nuestro amor propio. Uno de los espejos que tiene un gran impacto en nosotros es el referente social, eso que nos dicen en la escuela, los amigos y el estándar que establece la sociedad. Cuando dejamos que la moda nos defina, podría ser que nunca lleguemos a sentirnos bien con nosotros mismos. Porque una cosa son las modelos retocadas por computadora y otra la vida real.

Si dejamos que el comentario de los amigos, el juicio de un profesor, la burla de los hermanos o la descalificación de un entrenador nos definan, podría impulsarnos a vivir un viaje de dolor. Igual podría ocurrirnos si dejamos que la religiosidad nos estigmatice generando culpa o vergüenza por los errores cometidos.

En una ocasión antes de una entrevista de televisión hablé con el profesional en maquillaje y le pregunté sobre el reto más difícil que ha enfrentado. Y me dijo: "Muchas jóvenes vienen con una fotografía y me piden que las deje como la de la foto. Y tengo que decirles que eso que me traen es modificado por computadora, que es imposible hacer lo que me solicitan. Lo más triste es que ellas se sienten feas siendo preciosas, pero al compararse con modelos de revistas, siempre se van a sentir feas".

Este es el estándar que nos pone la sociedad y por lo tanto no es real, ni alcanzable. Por eso el espejo no pueden ser las revistas, o las escenas de películas. El espejo tiene que ser otro.

Lo peor de todo es que muchas veces la sociedad mide las personas en función de la apariencia, las posesiones, las habilidades deportivas o la inteligencia. Y basta con que lleguemos a la escuela para que nos demos cuenta de que muy pocos califican con el estándar social, y es cuando surgen los grupos que sintiéndose superiores lastiman, humillan, discriminan y se burlan de los demás.

Esta descalificación social ha llevado a que muchos jóvenes se suiciden, porque la agresión llega a tal punto que no pueden soportar la presión, la humillación y la marginación. Hoy la agresión que se vive en las redes sociales es violenta, despiadada y solo evidencia que vivimos en una sociedad enferma que no tolera el éxito de los demás. Basta con que alguien destaque para que la crítica sea violenta. Pero igual ocurre, cuando alguien comete un error, será despedazado y humillado en extremo.

El juicio se ve aumentado si los medios de comunicación lo dan a conocer como cierto aunque esté en investigación. La dignidad y el honor que muchas personas han labrado con trabajo, perseverancia y fidelidad, puede verse destrozado por una publicación mal intencionada. Esto ha hecho que muchas personas buenas se aparten de la vida política o el activismo social.

Con la dignidad de las personas no se juega, porque una vez que hemos esparcido el juicio, es imposible restituir el daño. No puedo permitirme juzgar la vida de nadie porque no soy juez para hacerlo. Y lo dejó claro nuestro Señor Jesucristo cuando nos dijo.

> » *No juzguen a nadie, para que nadie los juzgue a ustedes. Porque tal como juzguen se les juzgará, y con la medida que midan a otros, se les medirá a ustedes.* » *¿Por qué te fijas en la astilla que tiene tu hermano en el ojo, y no le das importancia a la viga que está en el tuyo? 4 ¿Cómo puedes decirle a tu hermano: "Déjame sacarte la astilla del ojo", cuando ahí tienes una viga en el tuyo?* (Mateo 7: 1-4).

Le damos mucha importancia a lo que digan los demás sin medir el daño que nos causa. Dejamos que los demás nos pongan el espejo en el que desean que nos observemos y caemos en la trampa. Ella dijo: "No soporto el dolor que me causan las llamadas de mi padre cada día. Solo llama para hablarme mal de mi esposo y de mis hijos. No comprendo por qué me quiere hacer daño. Siempre me señala que él es una persona que no sirve para nada, que es mejor que lo deje. Que mis hijos son unos fracasados y que no llegarán a nada en la vida. Que yo soy una fracasada. Si supiera mi padre el daño que me hacen sus palabras no me las diría. Y lo más triste de todo, es que he comenzado a ver mi familia y a mí misma como me lo dice él cuando me llama. No sé qué hacer porque lo amo, pero me hace mucho daño escucharlo".

Estos comentarios no surgen de un corazón sano, más bien brotan de un corazón herido, resentido y amargado, cuyo objetivo es herir a los demás sin medir las consecuencias.

Debemos detener la tendencia de mirarnos en el espejo que los demás nos ponen. Debemos dejar de esperar la aprobación de todos, los "me gusta" en las redes sociales, para sentirnos aceptados y valorados. Llegó el momento de vernos en el espejo de Dios, que es quien nos conoce, nos acepta y nos ama.

Leí la historia de un editor muy famoso, que de niño era malo para los deportes. Me lo imagino; nadie lo elegía para jugar en su equipo. Pero cuenta que un día la maestra Ruth le puso una observación cuando hizo un trabajo al hacer un resumen del libro que leyeron. Fueron solo dos palabras las que la maestra puso: "Bien hecho". Esto lo motivó a seguir escribiendo cuentos que la maestra revisaba y poco a poco creció la pasión por escribir. Se cuenta en la historia que 30 años después, él quiso buscar a su maestra para agradecerle el gesto que tuvo con él cuando era solo un niño, y que eso le sacó las lágrimas a la profesora ya pensionada. Lo que más le impactó a su maestra fue escuchar que él había hecho lo mismo con otros en su trabajo, todo porque un día su maestra le ayudó a verse en el espejo correcto.

No tenemos que vivir como víctimas

Algunas veces sentimos que todos están en contra nuestra, que no nos brindan oportunidades, no creen en nosotros y que no nos tratan de forma justa. En algunas ocasiones es cierto y causa daños sociales serios.

Por otra parte, hoy vivimos en una sociedad que quiere hacernos parecer a todos como si fuéramos víctimas de las injusticias sociales. Esto ha hecho surgir un sentimiento de personas "discriminadas", "incapaces" y "marginadas". Es fácil tomar la posición de "víctima", porque culpa a otros, pero no nos empodera para levantarnos con dignidad, fuerza y valentía. En el fondo sabemos que convertirnos en víctimas no resuelve el sentimiento herido, y no nos nutre de la fuerza suficiente para levantarnos de nuevo. No es ninguna ayuda el que las personas lleguemos a la conclusión de que, de una manera u otra, somos víctimas de los errores de los demás.   Ese modo de pensar nos desalienta, nos paraliza emocionalmente y nos conduce a rendirnos ante los retos de la vida.

Seremos víctimas de la sociedad cuando le permitimos a los demás que nos humillen, denigren, pisoteen y anulen. Pero todos tenemos el derecho a levantarnos a partir del valor que Dios nos ha dado como personas únicas. Por eso, no le des valor a lo que los demás dicen de ti, y no permitas que el mundo te estigmatice. Levántate a partir del valor que Dios te ha dado como persona y afirma tu identidad en Cristo Jesús.

Pido a Dios que nos ayude para que podamos ser el mejor de los espejos para los demás.

Parte 2

NUNCA ES TARDE PARA RECUPERAR TU VERDADERA AUTOIMAGEN

COMIENZA AQUÍ

"El Señor te pondrá por cabeza, no por cola. Estarás por encima de todo, nunca por debajo..." (Deuteronomio 28:13 RVC)

Capítulo 6

LA IMAGEN CORRECTA ES DETERMINANTE

Para tener una buena autoimagen, debemos tener el proceso adecuado que nos permita analizar la información que recibimos, y así saber discriminar lo que nos lastima y avalar lo que nos afirma. Debemos aprender a pensar acerca de nosotros mismos. Todos vamos a fracasar en algo, pero eso no nos convierte en personas fracasadas. Todos seremos discriminados en algún momento, pero eso no nos hace valer menos. Todos seremos humillados muchas veces en la vida, pero eso no puede convertirnos en personas rencorosas.

Debemos aprender a desarrollar la capacidad de enfrentar situaciones difíciles y adversas. Esta capacidad de enfrentar la adversidad es lo que nos permite levantarnos de nuevo y mantener vivos los sueños que nos proyectan en el tiempo.

Nuestra autoimagen es saludable cuando aprendemos a cerrar ciclos, dejamos ir lo que nos lastima, nos separamos de las personas tóxicas y nos afirmamos en Dios y su Palabra. Quien se conoce bien, se acepta, se aprecia y tiene un concepto correcto de sí mismo. Experimenta paz, gratitud, alegría, y tiene deseos de vivir y de amar. Por eso, el viaje más emocionante que podemos realizar es el viaje al corazón, para conocernos mejor y dejar que sea Dios el que nos defina, afirme y comisione en la vida.

Cuando el niño nace, poco a poco va aprendiendo quién es a partir de lo que mamá y papá expresan. Con el tiempo distingue su nombre, y reacciona a los estímulos emocionales que le transmiten. Aunque no habla, es sensible a las emociones que le expresan, y poco a poco sabe quién es y cuánto vale.

El niño acepta todo de los padres, y les cree plenamente. No duda, simplemente cree porque ahora está viendo el mundo a través de lo que papá y mamá le cuentan. Es poco a poco que él va construyendo el "yo soy", esa definición de sí mismo que le permite definir su identidad y su autoimagen.

Se percibe a sí mismo a partir de la aceptación que le otorgan, el afecto que le expresan y las atenciones que le brindan. La forma en la que nos tratan las personas más importantes para nosotros determina cómo nos vemos a nosotros mismos. Porque son ellos los que al principio de nuestra vida nos definen, con su aceptación, admiración y respeto.

Si un niño es tratado con regaños, golpes, rechazo y gritos, él siente que no tiene valor, que no es amado y que no es aceptado. Su conclusión es personal, pero es producto de lo que sus emociones le dictan. Por eso, todo lo que se exprese y cómo se exprese es determinante en todo ser humano, sea niño, joven o adulto.

Pensamos que la autoimagen se construye únicamente en la niñez y queda grabada para el resto de la vida, pero la verdad es que se construye todos los días de nuestra existencia. No importa cuántos títulos tengamos, cuánto dinero poseamos o cuán famosos seamos, todos necesitamos aceptación, afirmación y amor cada día de nuestra existencia.

La actitud que tenemos ante las personas y frente a los desafíos de la vida, la determina la autoimagen que tengamos. Es importante tener una imagen correcta de nosotros mismos, porque establece la forma en la que vamos a tratar a los demás, y la manera en la que vamos a encarar la vida y los retos que se nos presenten.

La autoimagen determina que seamos mediocres o excelentes; dejemos las cosas sin terminar o las hagamos con grandeza. Si pensamos que somos capaces, sacaremos motivación interna para hacer las cosas. Si sentimos que somos incapaces o inservibles, muchas veces ni siquiera lo vamos a intentar. El esfuerzo que pongamos al hacer las cosas lo determina la autoimagen que tenemos. La forma en la que nos tratamos y tratamos a los demás, lo determina cómo nos vemos a nosotros mismos.

Una autoimagen herida nos lleva a criticar lo que otros hacen bien, descalificar al que alcanzó el éxito, y a buscar una excusa para no desarrollar nuestro propio proyecto de vida. Tendemos a vivir al mínimo y a culpar a los demás por lo que vivimos. Pero sentirnos capaces, amados y aceptados, nos inspira y nos permite vivir motivados y desafiados a dar lo mejor de nosotros en lo que hacemos.

Si dejamos que los demás nos definan o nos etiqueten, tendremos una autoimagen débil, porque dependerá de lo que otros opinen. Nunca permitamos que el juicio de los demás nos defina; no son un real reflejo de lo que somos como persona. Dejemos que sea Dios el que diga quiénes somos, cuánto podemos y hacia dónde nos dirigimos. Si tenemos esta perspectiva, nos será fácil amar, estimular a los demás y afirmar lo bueno que otros tienen, porque nos hemos aceptado y tenemos un alto aprecio por lo que somos en esencia.

Por eso, felicite al deportista esforzado, estimule al intelectual aplicado y al músico disciplinado. Cuando lo hacemos, indica que nuestro amor propio está sano. Pero cuando lo criticamos todo, nos enojamos fácilmente y no aportamos al desarrollo social, algo anda mal en nuestro ser interior.

Aprecia cuando otros te miran mejor que tú mismo

Estaba en una conferencia de un excelente profesional. Él se estaba presentando, fue contratado por su experiencia y por ser de los mejores en el campo. En su presentación dijo lo que había estudiado y terminó indicando que tenía una esposa muy bella que él no merecía. Ahí comprendí que estaba con alguien que tenía una baja autoestima porque la percepción que él tiene de sí mismo estaba herida. ¿Por qué no merece tener una bella esposa?, ¿Por qué no merece tener éxito en la vida?, ¿Quién lo descalificó?

En este caso, la percepción que tenían los demás de él como profesional, era más alta de la que él tenía de sí mismo. Con el paso del tiempo comenzó a competir con los demás profesionales, y poco a poco fue perdiendo su lugar de influencia. Todo porque tenía una autoimagen herida, aunque su capacidad profesional era extraordinaria.

En una ocasión escuché que una esposa reconocía a su esposo en público por sus virtudes; era emocionante escuchar lo que ella decía de él. Lo describía como una persona esforzada, comprometida con su familia, de valores sólidos, y alguien que se superaba en todo lo que hacía. Cuando hablé con él en privado lo felicité por lo que su esposa dijo y me respondió: "No creo que yo sea lo que mi esposa dijo, porque en otras ocasiones cuando está enojada conmigo me dice lo malo que hago. Además, siempre he tenido que luchar mucho por lo que he conseguido".

Sus palabras de descalificación me sorprendieron, porque creo que su esposa realmente estaba describiendo muy bien a mi amigo. Pero me dolió ver que él no lo recibiera o no lo creyera. Fue entonces cuando comprendí que un corazón herido va a tener una percepción equivocada de sí mismo, aunque los demás lo vean como alguien de gran valor.

Por lo tanto, no basta con ser bueno en lo que hacemos. Todos necesitamos sanar nuestras emociones para poder ver la persona correcta que está en el espejo. Sin perdón, morimos por dentro, porque tenemos una percepción equivocada de nosotros mismos.

Áreas que afectan el amor propio

1. **El aspecto físico.** La apariencia tiene un valor social importante. Esta es influenciada por la moda, la definición de "belleza" otorgada por los medios de comunicación, las películas, los concursos de belleza y la música. Si los jóvenes no calzan con el estereotipo definido como "bello" van a desarrollar un sentimiento de inconformidad hacia ellos mismos. Esto se ve alimentado por las críticas, las comparaciones que hacen los amigos y compañeros o la misma familia. Para todos es importante aceptar nuestro aspecto físico, y esto no es fácil, porque los años dejan marcas y requiere que no idealicemos la juventud o algunas características socialmente exaltadas.

2. **Las habilidades.** Socialmente las personas tendemos a medirnos por las habilidades que tenemos: la inteligencia, la capacidad en el deporte y los dones artísticos. Todos deseamos ser hábiles en matemáticas, poseer una buena memoria para historia, y habilidad para comprender los misterios de la ciencia. También deseamos destacar en los deportes porque esto provee popularidad, aceptación y admiración. Y todos deseamos ser aceptados, respetados y admirados, y para lograrlo debemos destacar en algo. Por eso tenemos que llegar a conocernos bien para descubrir en qué somos buenos, desarrollarlo y realizarnos en eso que nos gusta, no para humillar a los demás o tener sentimientos de superioridad, sino para realizarnos como persona, divertirnos, y trascender en la vida.

3. **El poder económico y la posición social.** Todos crecemos en un grupo social y en una familia a la que pertenecemos. Esta estructura puede afectar nuestro amor propio y eso depende de que seamos aceptados socialmente. Nos sentiremos acomplejados si nos dijeron que éramos pobres, de una clase social baja, que no podíamos entrar a ciertos lugares porque ahí solo entran los de cierta categoría social. Nos sentimos bien con nosotros mismos si nos inculcaron el valor correcto, que valemos porque somos personas especiales hechos a imagen de Dios, con un propósito que cumplir, que somos hermosos, inteligentes y que nacimos para alcanzar los sueños que nos propusiéramos.

Hoy vivimos en una sociedad que compite y se compara, y esto genera complejos, temores, y sentimientos de inferioridad. Por otro lado, recordemos que Dios nos creó como personas especiales, únicas, maravillosas y creadas para cumplir una misión que lleva nuestro nombre. Crecemos cuando nos enseñan el valor del trabajo y la dignidad que otorga la honestidad, e integridad. Nunca permitas que nadie lo defina por el barrio donde vive, la escuela donde estudia, el medio de transporte que utiliza o la casa donde vive. Todos debemos vivir un proceso que nos lleve a aceptarnos como somos y a amar el lugar donde Dios nos ha hecho nacer.

Claves para hacer crecer nuestro amor propio

* **Acéptate:** Cuando nos sentimos aceptados, brillamos y cuando nos apreciamos a nosotros mismos, logramos ser auténticos y felices. Nos es fácil crecer y trascender dejando un legado de bien en la sociedad en la que hemos crecido. La auto aceptación nace en nuestra infancia, cuando nuestros padres nos expresan amor, aprecio, nos valoran, nos cuidan y proveen lo necesario para un crecimiento saludable. O bien, nuestra autoimagen se sana cuando Dios nos revela lo que somos en Él.

* **Entiende tu valía:** Nos vemos con un gran valor cuando pensamos y actuamos como alguien valioso, y sentimos que los demás nos aprecian porque somos buenos en lo que hacemos y servimos para algo. Es muy importante para cada ser humano sentir que es valioso, apreciado y respetado. Esto nos otorga aceptación, respeto propio y admiración. No es fácil, porque muchas veces la mayoría de las palabras que escuchamos transmiten descrédito, desaprobación por lo que hacemos, y nos cuesta saber en qué somos valiosos. Nos ponen sobrenombres que nos descalifican, en la escuela nos miden con evaluaciones que establece que hay ganadores y perdedores. Los más hábiles son premiados y los que no destacan son desechados poco a poco.

Cuando mis hermanos y yo éramos adolescentes, nuestros padres nos introdujeron en el negocio de la familia y nos asignaron responsabilidades. Esto tuvo un impacto muy positivo en nuestras vidas, porque nos sentimos parte importante de la pequeña empresa familiar. Al llegar a la mayoría de edad nos llevaron al Banco para autorizarnos en las cuentas de la empresa. Esto aumentaba el valor que teníamos porque nos hacían sentir valiosos. Por eso, al entrar a trabajar en nuestra edad adulta, cada uno de nosotros lo hizo de forma natural, porque fuimos criados apreciando el trabajo, cuidando los recursos que ponían en nuestras manos, dirigiendo personal, resolviendo problemas, proyectándonos al futuro, y siempre teníamos la confianza total de nuestros padres.

- **Mírate apto y capaz.** Cuando en casa nos hacen sentir competentes, aptos para realizar las tareas asignadas, nos felicitan por los logros obtenidos, y nos ayudan a desarrollar las habilidades naturales que poseemos, brillamos como personas. Nos sentimos seguros y deseosos de seguir creciendo. Cuando aprendemos a distinguir nuestra inteligencia dominante, nuestras habilidades deportivas o artísticas, y nos damos el tiempo suficiente para desarrollar la creatividad que Dios nos ha dado, nos sentimos en el lugar correcto y viviremos la vida a plenitud. Es esto lo que nos ayuda a aceptar que hay cosas en las que no somos buenos y nos permitimos complementar por otras personas. Es lo que permite que los matrimonios se ayuden en lugar de competir entre ellos.

Todos necesitamos descubrir nuestras fortalezas así como las debilidades que tenemos. Esto nos ayuda a sentir que somos competentes para algo y no tan buenos para otras cosas.

Cuando nos aceptamos, nos es fácil reconocer que no somos buenos en todo, no envidiamos lo que otros tienen, y nos realizamos en lo que destacamos. Tenemos un corazón agradecido y ayudamos a otros a crecer. Cuando logramos invertir el tiempo necesario para encontrarnos, y tomamos las decisiones que debemos tomar, algo extraordinario pasa en el corazón.

Comencemos el cambio desde aquí…

Construir la autoimagen es un viaje progresivo que nunca termina. Por eso debemos apreciar los avances que estemos teniendo, y no bajemos la guardia en proteger nuestra autoestima.

No es fácil construir una autoimagen fuerte, estable, y saludable, porque mientras crecemos, vamos a enfrentar personas heridas que nos van a lastimar. Y muchas veces lo hacen, no porque les hayamos herido, sino porque no

> CONSTRUIR LA AUTOIMAGEN ES UN VIAJE PROGRESIVO QUE NUNCA TERMINA.

han sabido procesar sus propias luchas internas. Regresemos al caso de Caín, que asesina a su hermano Abel en Génesis 4 porque se comparó con él, y esto lo llenó de enojo y frustración. La Biblia nos cuenta la historia y nos muestra el camino para enfrentar los dolores que podamos estar experimentando, lo cual nos permitirá tener emociones sanadas y una conciencia tranquila.

"Y el Señor miró con agrado a Abel y a su ofrenda, pero no miró así a Caín ni a su ofrenda. Por eso Caín se enfureció y andaba cabizbajo. Entonces el Señor le dijo: «¿Por qué estás tan enojado? ¿Por qué andas cabizbajo? Si hicieras lo bueno, podrías andar con

la frente en alto. Pero, si haces lo malo, el pecado te acecha, como una fiera lista para atraparte. No obstante, tú puedes dominarlo». Caín habló con su hermano Abel. Mientras estaban en el campo, Caín atacó a su hermano y lo mató" (Génesis 4: 4-8).

Un corazón herido es capaz de lastimar a la otra persona y es aquí donde hacemos una cadena generacional que alguien debe romper y no permitir que siga produciendo dolor en los demás.

¿Por qué herir a la persona inocente?, ¿Por qué golpear al niño pequeño, a la mujer que nos ama, al amigo fiel, al compañero inseparable? Lo hacemos cuando nuestra autoimagen está herida y por lo tanto, caminamos cabizbajos.

Escuchaba a una hija decir: "¿Por qué mi mamá me grita, me humilla, y me desea el mal, si yo la amo, la ayudo y la cuido?". Sus lágrimas rodaban por sus mejillas evidenciando el dolor que no sabía cómo interpretar. Fue cuando le pregunté sobre el pasado de su mamá, y entonces la historia tomó matices de tragedia, porque el dolor que había vivido la mamá era desgarrador. La pregunta que surge es: ¿Esta mamá... ama a su hija? Sí, la ama, pero la lastima porque ella está herida en su amor propio. Por esta razón todos debemos sanar nuestra autoimagen. Lo logramos encontrándonos con Dios, definiendo bien nuestra propia imagen y descubriendo el propósito que tenemos en la vida.

No permitamos que nuestra conciencia guarde el recuerdo de las palabras de descalificación que hemos escuchado. Si las guardamos, se anidan y nos van a lastimar, robando nuestra fuerza, la que debemos invertir para vivir a plenitud lo que Dios nos ha otorgado.

No seamos tan rígidos con nosotros mismos juzgando con severidad los errores cometidos. Esto podría llevarnos a experimentar culpa por años. Vengamos delante de Dios con humildad para reconocer nuestro error, y al confesarlo, recibamos el perdón restaurador que solo Dios sabe dar. Al ser perdonados, recibamos la dignidad que se nos otorga por medio del sacrificio de nuestro Señor Jesucristo, quien murió por nuestros pecados y llevó en sus hombros las consecuencias de nuestros errores. Hemos sido perdonados y nuestras faltas fueron arrojadas al fondo del mar. Tal y como lo expresa Mateo 9:2:

> *Unos hombres le llevaron un paralítico, acostado en una camilla. Al ver Jesús la fe de ellos, le dijo al paralítico: — ¡Ánimo, hijo; tus pecados quedan perdonados!"*

Somos llamados hijos amados, y esta libertad, dignidad, amor y aceptación la recibimos por gracia y no por mérito propio.

Vamos. Ya conocemos la importancia de la imagen que tenemos de nosotros. A partir de aquí, decídete a cambiarla como Dios la ve.

Capítulo 7

EL NOMBRE ES IMPORTANTE

Una de las más bellas ilusiones al esperar la llegada de un bebé, es elegir su nombre. Aunque en principio el nombre solo sea un sonido articulado, puede marcar la personalidad y el destino de nuestros hijos.

El nombre que ponemos a nuestros hijos los define, los identifica y los representa socialmente; así será llamado, conocido y recordado, y a la vez, será una manera de anticipar el futuro que vivirá. El nombre tiene el poder de comunicar un significado de vida. No podemos ponerlo a la ligera y por razones como la tradición o el capricho.

Los dos propósitos del nombre según la tradición judía

En la tradición judía, el nombre tiene dos propósitos. Por un lado, representa la esencia de lo que significa el hijo que va a nacer. Para los judíos, el nombre es la llave para conocer el alma de la persona. Lo que somos en esencia es la suma de todos aquellos elementos que nos ayudan a construir nuestra identidad; dentro de ellos, el nombre.

Ahora bien, no significa que nuestro nombre determina nuestro futuro, pero sí que contribuye significativamente a la construcción de nuestra identidad.

El segundo propósito del nombre, según la tradición judía, es que representa la historia que la persona va a vivir; representa algo de lo que será y hará en el futuro. Es como si la forma en la que fuimos nombrados nos señalara un camino; según es el nombre, así serán también tus acciones. Nuestro nombre nos impulsa a la conquista del futuro descrito en él; por eso los padres lo deben elegir con gran sensibilidad espiritual.

La forma en la que Dios nombra

Quien nos modela la forma adecuada de cómo debemos nombrar a nuestros hijos es Dios. Él elige los nombres con un propósito y con sentido de misión, y lo hace para identificar a la persona con lo que es y lo que hará. Es así como se explica en Génesis 17:

> *Al oír eso, Abram cayó rostro en tierra. Después Dios le dijo: «Este es mi pacto contigo: ¡te haré el padre de una multitud de naciones! Además, cambiaré tu nombre. Ya no será Abram, sino que te llamarás Abraham, porque serás el padre de muchas naciones. Te haré sumamente fructífero. Tus descendientes llegarán a ser muchas naciones, ¡y de ellos surgirán reyes!* (Génesis 17: 3-6 NTV).

Dios cambia el nombre de Abraham para que su nueva identidad esté fundamentada en la promesa, y para que al escuchar su nombre, todo su ser recuerde lo que pronto llegaría a ser. Pero la misión encomendada a Abraham alcanza también a su esposa Sara. Por eso Dios le dice a Abraham:

Con respecto a Saraí, tu esposa, su nombre no será más Saraí. A partir de ahora, se llamará Sara. Y yo la bendeciré, ¡y te daré un hijo varón por medio de ella! Sí, la bendeciré en abundancia, y llegará a ser la madre de muchas naciones. Entre sus descendientes, habrá reyes de naciones (Génesis 17: 15-16 NTV).

El nombre tal y como lo expresa el Señor, implica bendición. Por eso le ordena a Abraham que ya no le llame Saraí, sino que de ahora en adelante le llame Sara porque será madre de multitudes. Lo que Dios está haciendo es determinar una nueva identidad para Abraham y Sara por medio de sus nuevos nombres.

Esta es la actitud que debemos tener a la hora de elegir los nombres de nuestros hijos; no son solamente vocablos, son palabras que anuncian lo que un día harán y lo que son hoy.

Podemos concluir que el nombre de nuestros hijos es como un mensaje profético que anticipa su destino, contribuye en la construcción de su carácter y define su identidad. Por lo tanto, merece una adecuada reflexión e intencionalidad. Te doy algunas recomendaciones:

1. Si eliges el nombre de tu hijo para honrar a una persona, asegúrate de que sea una poderosa fuente de inspiración para él.

Muchas veces escogemos el nombre de una persona importante en la familia para darle honor al legado que ha dejado, sea este el abuelo, el padre, o bien, la madre. De esta forma, la vida de nuestro hijo quedará ligada a esta persona, porque al crecer tendrá que explicar que su nombre es en honor a alguien más. Conectar a un niño con una persona del pasado es algo que debemos pensar muy bien, porque debe ser una persona que le inspire en el futuro.

2. Elige un nombre que intencionalmente invite a tu hijo a desarrollar su potencial en el futuro.

Los nombres significan historias por contar, libros por escribir, poemas por declamar. Si entendemos su importancia, debemos elegirlos de tal manera que aporten lo mejor a nuestros hijos, para que se sientan inspirados a vivir lo que sus nombres significan.

Bien lo expone el Salmo 139:

> Señor, *tú me examinas, tú me conoces. Sabes cuándo me siento y cuándo me levanto; aun a la distancia me lees el pensamiento. Mis trajines y descansos los conoces; todos mis caminos te son familiares. No me llega aún la palabra a la lengua cuando tú,* Señor, *ya la sabes toda (…) Tú creaste mis entrañas; me formaste en el vientre de mi madre. ¡Te alabo porque soy una creación admirable! ¡Tus obras son maravillosas, y esto lo sé muy bien! Mis huesos no te fueron desconocidos cuando en lo más recóndito era yo formado, cuando en lo más profundo de la tierra era yo entretejido. (…) Tus ojos vieron mi cuerpo en gestación: todo estaba ya escrito en tu libro; todos mis días se estaban diseñando, aunque no existía uno solo de ellos. ¡Cuán preciosos, oh Dios, me son tus pensamientos! ¡Cuán inmensa es la suma de ellos!* (Salmo 139 1-4. 13-17)

Dios nos conoce aún antes de que existiéramos, contó nuestros días, nos entretejió con amor eterno y determinó el propósito para el cual quería que viviéramos. Cada uno de nosotros debe hacer honor al nombre que lleva, y poner en alto el propósito para el cual ha sido creado por Dios. Si Dios ha cuidado cada detalle, igual debemos hacerlo nosotros con la vida de nuestros hijos. Por eso, los nombres se eligen con sentido de propósito.

3. No utilices sobrenombres que lesionen la identidad de tu hijo.

Los apodos, sobrenombres o diminutivos, en principio, suenan cariñosos, pero pueden llegar a afectar la autoestima, agredir o discriminar a los niños; especialmente si señalan características particulares o defectos físicos. Cuida tus palabras, recuerda que no se las lleva el viento fácilmente, y tienen un peso importante en la construcción de la personalidad de tus hijos.

Debemos recordar que todo lo creado fue hecho por medio de la palabra. Dios dijo que fuera creada la luz y se hizo; ordenó que las aguas se separaran de la tierra, y sucedió. Esto significa que las palabras dieron forma a la materia y ordenaron las cosas. Es maravilloso el misterio que esto encierra, pero a la vez, es una gran responsabilidad, porque Dios nos ha dado el mismo poder para crear por medio de las palabras.

Podemos crear emociones, anticipar el futuro contando nuestros sueños, y generar sentimientos en las personas por medio de lo que expresamos. Por eso, las palabras tienen poder para producir vida o muerte, según lo indica Proverbios: *"En la lengua hay poder de vida y muerte..."* (Proverbios 18 :21)

Por lo tanto, los nombres no solo identifican a las personas, y a las cosas, sino que también dan forma y crean. Esto es maravilloso, por el solo hecho de pensar que el único ser vivo creado por Dios que tiene esta particularidad es el ser humano. Nacimos para dar forma a las vidas de nuestros hijos por medio de lo que les decimos y el nombre que les ponemos.

4. Nombra a tus hijos creyendo lo que Dios hará en ellos.

Los nombres crean realidades imaginarias por medio de la fe y la confianza en Dios. Dios le dijo a Abraham: *"Haré de ti una nación grande, y te bendeciré;* **haré famoso tu nombre,** *y serás una bendición. Bendeciré a los que te bendigan y maldeciré a los que te maldigan; ¡por medio de ti serán bendecidas todas las familias de la tierra!"* (Génesis 12: 2-3).

Determina hacer famoso el nombre de tus hijos, y haz famoso tu nombre al creer en los planes que Dios tiene contigo y tu descendencia.

5. No pienses que es demasiado tarde para que Dios sane tu identidad y la de tus hijos.

Dios le cambió el nombre a Abraham a los 99 años y a Sara a los 90. Nunca es tarde para que Dios sane nuestra identidad y nos potencie en el cumplimiento de todo lo que se ha propuesto hacer con nosotros y nuestros hijos.

Por eso Dios le dijo a Abraham: *"Ya no te llamarás Abram, sino que de ahora en adelante tu nombre será Abraham, porque te he confirmado como padre de una multitud de naciones"* (Génesis 17: 5).

Si Dios cambió la identidad de Abraham a los 99 años, no es tarde para que nosotros dejemos de decir sobrenombres que lastiman a los que amamos. Llegó el momento de hacer surgir la fe, la esperanza y el ánimo cada vez que digamos el nombre de nuestros hijos y el nuestro. Pronunciemos el nombre con orgullo y honor, recordando que en él hay destino y propósito.

Cambia la identidad de tus hijos si los has llamado equivocadamente con calificativos que ofenden o los has hecho sentir subestimados o minimizados. Dirígelos a la grandeza, al destino que Dios les ha definido y al cumplimiento de los sueños que en el cielo llevan sus nombres.

Cuando nos hemos encontrado con Dios, Él cambia nuestro nombre. Esto le ocurrió a Jacob, y todo en él cambió.

> *Entonces el hombre le dijo: —¡Suéltame, que ya está por amanecer! —¡No te soltaré hasta que me bendigas! —respondió Jacob. —¿Cómo te llamas? —le preguntó el hombre. —Me llamo Jacob —respondió. Entonces el hombre le dijo: —Ya no te llamarás Jacob, sino Israel, porque has luchado con Dios y con los hombres, y has vencido (Génesis 32:26-28).*

La naturaleza de Jacob cambió. Ya no era el suplantador. Ahora Dios le ha dado una nueva naturaleza y un nuevo nombre que describe su carácter y su destino. Dios le otorga una nueva identidad. Ahora es… Israel.

Capítulo 8

RELACIONES... CON OTROS Y CONTIGO

La forma en que yo me relaciono con los demás es la forma en que yo me relaciono conmigo mismo. De hecho, Dios lo revela cuando Él resume el mandamiento. Los mandamientos se resumen en: *"Amarás al Señor tu Dios con todo tu corazón, y con toda tu alma, y con todas tus fuerzas, y con toda tu mente; y a tu prójimo como a ti mismo"* (Lucas 10:27).

Si nosotros hilamos bien, lo que el Señor está revelando es que la capacidad que yo tengo de amar a los demás es la capacidad que yo he desarrollado de amar a Dios y de amarme a mí mismo.

Si yo no tengo problema a la hora de amarme a mí mismo, yo no voy a tener problema a la hora de relacionarme con los demás, principalmente con los más cercanos, aunque hay personas que aun con el que le sirve, el que le atiende, son groseros y toscos. Ahí ya tienes un problema severo de auto relacionamiento porque aun con el extraño la persona es poco gentil.

Como yo me amo a mí mismo, como yo me miro a mí mismo es como yo miro a los demás. Pero, puede ser que a veces también el hecho de que yo no me miro a mí en el espejo correcto hace que culpe a Dios en vez de amar a Dios. Es que la forma en que me miro a mí mismo es la forma en que yo me relaciono con Dios. Yo puedo pensar que Dios se equivocó conmigo. ¿Por qué no me dio el don que le dio a aquel? ¿Por qué no canto como canta aquel? ¿Por qué no tengo la apariencia de mi hermano? ¿Por qué a mí me hizo de esta manera y a mi hermano le dio tantos dones?

Es un error nuevamente, porque me estoy definiendo a mí mismo a partir del elemento comparativo. Es error, porque cada uno es único y al ser cada uno único, no hay un espejo igual, hay un espejo único para cada persona. Entonces, yo me equivoco a la hora de definirme si quiero definirme a partir de lo que yo veo en otros, porque el propósito de Dios es único y particular para cada uno de nosotros.

Es fascinante. ¿Cómo con los millones de millones de personas que hay, hay propósitos particulares? Porque Dios es soberano y único.

Muchas personas se limitan a sí mismas porque limitan la capacidad que hemos utilizado para definir ciertas posiciones. Creemos que todas las posiciones ya están definidas, y que todos los dones y talentos ya los hemos visto. Pero ¿es posible que para tu vida haya un don diferente que todavía nadie más lo tiene? Simplemente como no puedo verlo, me siento descalificado para todo lo demás.

El punto ahí no es solamente un don específico que es particular para cada uno, sino que también hay un tiempo descubierto en el tiempo específico que yo vivo. Si a mí me fuese dado el don en el tiempo incorrecto, estoy desfasado, no calzaría. Tú con tu sabiduría no calzarías con tus compañeros de 7º año o el colegio, no, ellos están en otro mundo, es para este momento.

Hay que entender también que hay que vivir el momento, el tiempo de Dios. Yo no puedo adelantar los tiempos. Por ejemplo, ahora a mis 58 años, yo estoy viendo lo que siempre me dijeron, que después de los 50 uno cosecha, y yo doy gracias a Dios de haber sembrado bien. Veo ahora que hay una gracia de Dios donde hay una cosecha, donde yo puedo ver el fruto, puedo ver a mis hijos grandes amar al Dios que yo amo y servir al Dios que yo sirvo, puedo ver a mis hijos amando a sus esposas, puedo ver a mis hijos siendo buenos padres, puedo ver a mis hijos siendo trabajadores, Es mi cosecha. Cuando yo observo la cosecha, yo digo: "Vale la pena haber sembrado".

Entonces, hay tiempos. No significa que los momentos fueron fáciles, no. Hubo momentos duros, hubo momentos en donde yo pensé que mi hijo iba a morir por una crisis de asma, y es duro ver a tu hijo en las madrugadas sentir que se ahoga y correr a un hospital, y correr a doctores y clamar a Dios en lo íntimo y preguntar: "¿Se equivocó Dios?". ¿Me explico? ¿Qué pasó aquí? No, son desiertos, son momentos que van uniendo nuestros corazones, van haciendo que dependamos de Dios.

Yo voy a amar a mi hijo de esta manera. En todos esos momentos se fue perfilando un carácter y dones, y ahora el don fluye de una manera diferente. El conocimiento lo vas adquiriendo. Primero, vas dependiendo de algo que determinas leer hasta que un Dios te dice: "Ya está dentro de mí, voy a fluir en esto que brota dentro de mí". Pero, hubo un momento para cultivar, para desarrollar y hubo un momento para ver el fruto de lo que hemos sembrado con perseverancia, constancia y dedicación.

Procesos de la imagen propia, dones y tiempos

Yo sí creo que hay dones particulares para cada uno, que hay momentos específicos, que hay formas específicas. Uno de estos momentos es cuando Esaú y Jacob se encuentran. Hay que recordar que la lucha entre Esaú y Jacob es desde antes de nacer. El mayor, el heredero es Esaú, pero uno es el favorito de mamá, el otro el favorito de papá y eso lleva a una rivalidad entre ellos. Al final, Jacob obtiene la bendición de su padre y esta bendición ya no podía ser transferida a Esaú.

Jacob había vivido bajo las faldas de su mamá en una experiencia de embustero, de aprovechado, de suplantador, pero ahora está solo en el desierto, en un momento nuevo, y lo único que tiene es a Dios. Lo primero que recibe es un sueño donde ve a Dios quien le dice: *"Si fuere Dios conmigo, y me guardare en este viaje en que voy, y me diere pan para comer y vestido para vestir, y si volviere en paz a casa de mi padre, Jehová será mi Dios. Y esta piedra que he puesto por señal, será casa de Dios; y de todo lo que me dieres, el diezmo apartaré para ti"* (Génesis 28:20-22 RVR1960).

Él llega, se encuentra a un Labán que es peor que él, astuto, sagaz, y ahí Jacob aprende a luchar y a trabajar por lo que ama. Trabaja siete años por la mujer que ama y tiene que trabajar siete años más, porque no se la dieron y luego tiene que trabajar siete años más para alcanzar su libertad.

A esa altura, Jacob sabe lo que cuestan las cosas, Jacob descubre dones, descubre habilidades, descubre momentos, aprende a valorar a sus hijos y comienza a caminar con sus riquezas, camino de retorno a encontrarse con su hermano, a su tierra natal. Esaú se entera y viene montado a caballo con su ejército. La intención es clara. Si este viene con su ejército, viene a matar por el odio que sentía.

En el camino, Jacob se encuentra con Dios y es en la noche oscura cuando pelean toda la noche donde su imagen es sanada, y pasa de ser Jacob a Israel, porque tuvo un encuentro con Dios y es bendecido, es mudado en otra persona.

Ahí Jacob aprende a encontrar su propio ritmo y su propio momento, y descubre dones, inteligencias, habilidades, su propio paso. Cuando se encuentra con su hermano, su hermano es movido a misericordia, se abrazan, los temores de Jacob se van, pero Jacob es otro ahora.

¿Cómo lo vemos cuando su hermano le dice...?

> —*Sigamos nuestro viaje; yo te acompañaré. Pero Jacob se disculpó: —Mi hermano y señor debe saber que los niños son todavía muy débiles, y que las ovejas y las vacas acaban de tener cría, y debo cuidarlas. Si les exijo demasiado, en un solo día se me puede morir todo el rebaño. Es mejor que mi señor se adelante a su siervo, que yo seguiré al paso de la manada y de los niños"* (Génesis 33:12-15).

Es otro momento ¿lo ves? Hay dones, hay inteligencia, hay momentos particulares que se revelan cuando nuestra imagen es comprendida en el tiempo de Dios, en el momento de Dios y en la forma de Dios.

No era el momento de la astucia de ganarle al Labán más ovejas. Era el momento de caminar al lado de sus hijos, era el momento de ir despacio. El cumplimiento de los propósitos de Dio, no lo determina la velocidad con la que tú vayas, porque todos van a esa velocidad. Lo determina el que vayas a tu propia velocidad, descubriendo tu propia manera de ser y descubriendo tus propios dones y tu propia inteligencia.

Sin embargo, no es la velocidad la que nos lleva al destino, sino la dirección y el tiempo. ¿Dónde se revelan? En esos momentos. Hay personas que no pueden relacionar su vida con el tiempo. Muchos de nosotros definimos posiciones por las posiciones que se aprendieron en el tiempo, y a veces no veo que mis dones ni mis talentos encajan en esas posiciones que ya están definidas en el tiempo pasado. No nos damos cuenta de que esos dones diferentes pueden ser para un tiempo futuro. Creemos que ya todo fue creado, que ya todo fue hecho, pero creo que Dios también tiene tiempos nuevos en cada uno de nosotros.

Ahí es donde viene uno de los elementos más hermosos de tener la imagen correcta, que es el espíritu de asombro, esa capacidad de asombrarnos, de ver cómo Dios te usa, de ver a Dios hacer cosas nuevas en tu vida, de ver a Dios sorprendiéndote. Esto nuevamente sigue siendo una revelación de Dios, porque ahora vas a ver a Dios abrir el Mar Rojo, liberar a un pueblo de un ejército enorme, de ser esclavos ahora se lo dan todo y tú dices: "¿Cómo ocurrió?". Pura gracia de Dios.

En Jueces, capítulo 1, Dios le dice a Josué: "Hijo de Nun" (aludiendo a que es esclavo, no olvida nuestro origen, pero ahora es el líder que va a conducir), y le dice, *"Así como estuve con Moisés, también estaré contigo; no te dejaré ni te abandonaré… ¡Sé fuerte y valiente! ¡No tengas miedo ni te desanimes! Porque el SEÑOR tu Dios te acompañará dondequiera que vayas»* (Josué 1:5, 9). Ahora es Dios tratando con Josué en el nuevo momento. Nunca dejó de ser el hijo de Nun el esclavo y nunca dejó de ser Josué, el sirviente de Moisés, pero ahora es Josué, el líder de Israel.

Uno tiene que entender que hay dones, que hay momentos y que hay inteligencias, pero que uno tiene que tener intacta su capacidad de asombro para añorar eso que viene, ese anhelo, esa expectativa que nos lleva. "¿Cómo lo hará Dios? ¿En qué momento lo hará Dios? ¿De qué forma lo hará Dios?". No es fácil aprenderlo, no es fácil porque requiere paciencia, requiere dependencia absoluta de Dios, porque hay momentos donde uno no ve nada, no entiende nada y las cosas parecieran salir al revés.

¿Cómo ocurrirá? No lo sé, pero otra vez nos lleva a la conclusión de Éxodo 3 y 4: «¿Cómo iré? ¿Cómo lo hago? ¿Qué les digo? ¿Qué señal habrá? Y al final, "pero soy tardo para hablar" y Dios termina diciéndole: "Ve, porque yo estaré contigo". Él es el que pelea por nosotros, el que pone el Nombre por nosotros, el que va delante de nosotros, el que sale en defensa de nosotros, el que va como poderoso gigante delante de nosotros. Entonces yo voy más seguro y más confiado.

Yo tengo una expectativa. Es la expectativa y la alegría de David cuando recobra el arca y la trae de vuelta, y de repente ¡puf! explota y comienza a danzar como un loco y la gente le mira, pero David es David, ahí es auténticamente David. Yo creo que el día en que cada uno de nosotros logre tener su propia danza, entonces uno será más pleno, más uno.

Nuestros dones, nuestras habilidades y el llamado de Dios no son para el pasado solamente, y quizás no son solo para el presente. Es de entender que siempre están abiertos hacia el futuro, porque hay personas que tienen 60 años, 80 años y pueden creer que su tiempo ya pasó.

La crisis de la mediana edad

Poco pensamos en la crisis de la mediana edad hasta que llegamos a los 40 o 50 años. De repente, los cambios se comienzan a dar y las huellas del tiempo se manifiestan.

De un momento a otro, y en un abrir y cerrar de ojos, ya no somos unos muchachos, sino todos unos señores. Algunas personas se resisten al nuevo "título", pero al tener que aclarar tantas veces que no les agrada mucho que las llamen de ese modo, se rinden a la realidad y admiten que las canas y las recientes arrugas los delatan fácilmente.

En este período, ocurren cambios a nivel hormonal: el estrógeno en el caso de las mujeres, y la testosterona en los hombres. Estos cambios hormonales están acompañados de fuertes alteraciones en el estado de ánimo, energía, impulso sexual y agilidad física. La andropausia en los hombres y la menopausia en las mujeres son hitos del desarrollo que acompañan en esta etapa.

Sin embargo, estos cambios biológicos ocurren dentro de un contexto histórico que les da significado, y por tanto, influye en nuestra vivencia de la mediana edad. En nuestra sociedad occidental, son realmente valorados y sobre exaltados los aspectos relacionados a la apariencia, la juventud y la productividad. Ser consciente de que nos estamos alejando de la anhelada juventud, produce también alteraciones en nuestras emociones, autoestima y autoimagen.

Un mito que ha hecho mucho daño es creer que la felicidad está en la "eterna juventud". Esto nos hace resistir el proceso natural de crecer, madurar y envejecer. Pero en lugar de resistirnos al proceso natural, debemos amarlo y aceptar la edad que tenemos.

Se ha estudiado que las personas de zonas rurales no viven con la misma intensidad esta crisis, porque no están influenciados por el fenómeno de la apariencia. Igualmente sucede en las sociedades orientales. Las personas que dependen más de lo externo para expresar su éxito están más expuestas a vivir la mediana edad como una crisis de grandes dimensiones. Visto desde este punto de vista, la crisis de la mediana edad está determinada por el entorno, más que por cualquier otro elemento.

Cualquier tipo de crisis tiende a darse cuando se enfrenta una nueva etapa en la vida. Aparece una sensación de desequilibrio, emociones encontradas y preguntas sin respuesta.

Siempre se pensó que los retos en el desarrollo pertenecían a la adolescencia, pero en esta etapa, el inicio de la crisis se vive como una negación y una lucha interna a admitir la realidad de que los "años grandes" han tocado a la puerta. Algunos expertos dicen que en esta etapa se vive como una segunda adolescencia, pues hay una crisis de identidad y resistencia a los cambios físicos, psicológicos y sociales que conllevan la edad y el deterioro físico.

Síntomas de la crisis de la mediana edad

- Las personas que viven la crisis de la mediana edad suelen comportarse de forma extraña. Se vuelven irritables, se aíslan, tienen gustos extraños o más bien, extravagantes.

- Se confunden sobre lo que quieren y lo que aman. Quisieran vivir algo más emocionante, algo que les permita experimentar una ilusión extinta por las responsabilidades de la vida.

- Viven como si quisieran probar algo… que todavía son jóvenes. Por eso, muchas veces asumen comportamientos arriesgados.

- Las responsabilidades familiares parecieran producirles cansancio y la vida podría haberse convertido en una rutina.

- Empiezan a cuestionar su existencia al pensar que se están despidiendo de sus años de juventud. Los cuestionamientos son válidos: "¿He alcanzado mis metas?", "¿Ha valido la pena todo el esfuerzo?".

- El tiempo cobra demasiada importancia y todo comienza a verse desde otro ángulo; los logros, lo vivido, quiénes son y, aun los valores que han sostenido por años. El tiempo es relevante porque se experimenta la sensación de que se "acorta".

Recomendaciones al enfrentar la crisis de la mediana edad

- **Elaborar una ruta a seguir.** Los expertos recomiendan que se elabore una ruta a seguir que permita anticipar los "años grandes". Crecer es un proceso que debe vivirse con la meta de tener una buena calidad de vida, lo cual es algo que requiere ser anticipado, y para ello, es necesario planear los años que vienen. Para enfrentar los sentimientos difíciles no debemos permitir que nos tomen por sorpresa.

- **Leer las señales que anuncian que estamos frente a un momento de cambio.** Nos cansamos más, tenemos un sentimiento de nostalgia, estamos más sensibles e irritables, las relaciones se tornan tensas, desvalorizamos lo que hemos logrado, experimentamos un sentimiento de insatisfacción, pensamos que lo que era importante ahora ya no lo es.

- **Construir un proyecto para la segunda mitad de la vida;** algo que indique claramente el camino, para no confundirnos con las emociones que suben y bajan. Elaboremos un inventario de los logros alcanzados y de los recursos con los que contamos para llegar a la meta propuesta. Apreciemos nuestras capacidades y la inteligencia que nos identifica. Definamos claramente nuestra meta, hacia dónde nos dirigimos, qué esperamos haber alcanzado en 10 y 20 años. Evaluemos nuestros logros, apreciemos nuestro proyecto de vida y decidamos que viviremos cada etapa con intensidad y realismo.

- **Renunciar a lo que pasó y concentrarnos en el presente.** Si la persona ha luchado con complejos durante la juventud, en este momento, se acentúan. Pero si es alguien con una buena aceptación personal, enfrentará los cambios con mayor naturalidad. Por eso, aceptémonos tal cual somos, no nos descalifiquemos. Esto transformará la crisis en una oportunidad. Si nos aceptamos tal cual somos, la vida adquiere color, sentido y propósito. No dejemos que la sociedad nos defina como personas acabadas, fuera de época o irrelevantes. Más bien potenciemos todo lo que somos y tenemos. Dejemos que un nuevo sueño y un nuevo desafío nos llene de energía, fuerza y confianza en Dios.

- **Vivir de forma saludable.** Alimentémonos saludablemente (el metabolismo ha cambiado); mantengámonos activos, hagamos ejercicio; atendamos las recomendaciones médicas, hagamos los exámenes de rigor; ayudémonos todo lo que podamos, pero sin obsesionarnos.

- **Cuidar nuestras relaciones familiares.** Ellas son el soporte más importante que tenemos. Valoremos a las personas que han pagado el precio con nosotros. Permitamos complementarnos con esas personas que nos aceptan y aman. Así mismo, tengamos relaciones saludables y estables con otros. Es bueno rodearse de las personas correctas.

- **Tengamos amigos.** Es importante que nos mantengamos cerca de los amigos con los que nos agrada estar; aquellos con los que conversamos y nos apasiona lo que hablamos, los que nos respetan y nos aceptan como somos. Esos que han caminado con nosotros el trayecto y se alegran de nuestros éxitos. Con ellos pasea, diviértete y llega hasta el final.

Será determinante para enfrentar la crisis de la mediana edad haberse realizado como persona. Si la persona anticipó estos años y alcanzó lo que se había propuesto, experimentará realización. Pero si la persona siente que "le agarró tarde" para lograr sus metas, la crisis le golpeará fuertemente. Sin embargo, toda crisis es una ocasión para crecer, aprender y volver a intentarlo. Moisés inició su ministerio a los 80 años, Caleb fue a la guerra para poseer la tierra prometida a los 85 años y Abraham fue padre a los 100. La vida inicia cuando nos damos la oportunidad de que Dios nos sorprenda con un reto o un desafío por conquistar.

Envejecer implica un cambio biológico, psicológico y social, lo cual requiere capacidad de adaptación, y este es uno de los ejercicios más importantes que debemos realizar. Crecer no tiene que ser un problema, por el contrario, debe ser un viaje placentero a la madurez. Para esto debemos vivir los duelos, soltar lo que ya no existe, ajustarse a la realidad presente y vivir a plenitud la riqueza de los recuerdos. Amemos nuestro presente porque es lo único que existe.

Aprende a disfrutar en un mundo acelerado

Hoy vivimos en un mundo que camina muy rápido y nos hace estar siempre ocupados. Por eso, es importante recordar que éxito no es tener una agenda muy llena, al contrario, es disfrutar con nuestra familia un tiempo especial, es pasar momentos a solas para encontrarnos con Dios y con nosotros mismos. A veces creemos que si no estamos haciendo algo «útil», estamos perdiendo el tiempo. Olvidamos que descansar, orar, leer un buen libro, y apaciguar el espíritu para crecer internamente, es lo que nos permite renovar fuerzas y nos acerca a Dios.

Vivir una vida acelerada es cautivante, y nos sentimos atraídos por experimentar ese estilo de vida que nos confunde con ser importantes y exitosos. El efecto más nocivo de vivir aceleradamente es que no le permite a la persona encontrarse con ella misma, ser consciente de su entorno y disfrutar a su familia a plenitud.

Saturar nuestra agenda podría ser una ruta de escape para no encontrarnos con nuestro ser interior, ni con los demás. Mientras tengamos ocupaciones, eventos, reuniones y cosas que hacer, ilusoriamente, no nos hará falta ningún vínculo «humano» y emocional profundo.

Nada debería amenazar nuestra salud emocional, las relaciones vitales, ni las posibilidades de amar. La vida se puede disfrutar más si no se anda de prisa y tomamos el tiempo para divertirnos con nuestra familia, reflexionar, orar y encontrarnos con Dios.

Hoy todo se hace más fácil, pero tenemos menos tiempo. Todo es más rápido, pero disfrutamos menos. Esto nos ha producido estrés, angustia, impaciencia, mal humor, enfermedades del corazón, presión alta, cansancio y tensión en las relaciones. Vivimos con la meta de acelerar todo, lo cual se ha convertido en una lucha por hacer más en el menor tiempo posible. Pero ¿qué queremos lograr? ¿Estamos mejorando nuestra calidad de vida? ¿Estamos pasando más tiempo con nuestros seres queridos? ¿Estamos construyendo recuerdos significativos, ¿Invertimos tiempo en comer más saludable? ¿Hacemos más ejercicio? ¿Contemplamos más lo que nos rodea? ¿Llevamos realmente una vida con sentido? ¿Nos conocemos mejor a nosotros mismos?

Puede que hoy estemos tan ocupados que no tengamos ni tiempo para abrazar, besar, comer bien, ejercitarnos, descansar o reflexionar. El problema es que no seremos recompensados porque estuvimos muy ocupados. Seremos premiados porque construimos recuerdos en las vidas de las personas más importantes para nosotros y porque descubrimos quienes somos en lo íntimo de nuestro ser.

Bajar la velocidad no es fácil, porque nos gusta ir por el carril de alta velocidad. Pero no existe calidad de vida en la prisa y la alta velocidad. Vivir de prisa solo produce cansancio, en cambio, bajar el ritmo nos permite encontrarnos a nosotros mismos, superar nuestros miedos y valorar la sonrisa de los que amamos.

Terminaba una conferencia y una persona me dijo: «Trabajar duro está bien, pero detenerse para reflexionar, ordenar las ideas, aceptarnos como somos y agradecer a Dios por todo lo que nos ha permitido vivir, es extraordinario. Desde que lo hago, sonrío más y vivo a plenitud cada instante».

Tomemos tiempo para pensar, organizar las ideas, llorar si es necesario, reflexionar sobre lo que hemos aprendido, leer un libro y conocernos mejor a nosotros mismos, esto es, crecer a otro nivel. No perdamos la capacidad de asombro. Ello añade significado y genera conciencia de que existimos.

Alimentémonos bien, comamos despacio y, por lo menos una vez al día, separémonos para buscar a Dios en lo íntimo. Salgamos a caminar, tomemos tiempo para reflexionar, orar y leer la Biblia. Esos momentos marcan nuestra vida porque nos ayudan a encontrarnos con nosotros mismos.

Lee un libro y disfruta subrayarlo, reflexiona al respecto y compártelo con amigos y con tu familia. Enseñemos a nuestros hijos e hijas a tener quietud, a contemplar, meditar, orar y reflexionar.

Tomemos tiempo para estar a solas, ordenar las ideas, dar gracias a Dios por lo vivido y soñar con un mejor mañana. No adelantemos el tiempo. Concentrémonos en vivir el presente a plenitud y amemos más.

Los expertos indican que necesitamos por lo menos una hora al día de actividad física. Todos necesitamos exponernos al sol por lo menos unos minutos diariamente. Si esto es importante, debemos hacerlo. Planifica estas actividades y asígnales la prioridad necesaria. Esto no ocurre espontáneamente; se debe anticipar y programar. Fija fecha y hora para hacerlo.

Toma un tiempo para leer la Biblia, orar, reflexionar en lo aprendido y toma decisiones que te permitan mejorar y te ayuden a crecer.

Jesús tomaba tiempo para orar, y para esto se apartaba a solas y en otros momentos invitaba a sus amigos más íntimos para que lo acompañaran. Nunca olvido que a mis 18 años mi pastor nos llevaba a un lugar retirado para orar y aprender de la Biblia. Eran momentos increíbles porque aprendíamos los unos de los otros, pero también era un momento para escuchar enseñanzas que calaban en el corazón. Si no tomamos tiempo para apartarnos y reflexionar, será difícil conocer quiénes somos, en qué somos buenos, afirmar el pensamiento correcto, ordenar nuestros sentimientos y crecer como personas.

Cuando estés pasando un tiempo especial contigo mismo, apaga el celular, la televisión y cualquier dispositivo electrónico. Una forma de encontrarnos es evitar las distracciones. No es fácil hacerlo, porque la mente divaga muy fácilmente, pero si tenemos una guía que nos oriente es mejor dejarnos guiar, o bien lo podemos hacer con otros amigos que tengan el deseo de encontrarse con Dios en lo íntimo. Así como lo hacía Jesús con sus amigos.

Le doy algunos ejemplos de cómo Jesús solía hacerlo.

- *"Él, por su parte, solía retirarse a lugares solitarios para orar"* (Lucas 5: 16).

- *"Seis días después, Jesús tomó consigo a Pedro, a Jacobo y a Juan, el hermano de Jacobo, y los llevó aparte, a una montaña alta. Allí se transfiguró en presencia de ellos; su rostro resplandeció como el sol, y su ropa se volvió blanca como la luz"* (Mateo 17: 1- 2).

- *"En seguida Jesús hizo que los discípulos subieran a la barca y se le adelantaran al otro lado mientras él despedía a la multitud. Después de despedir a la gente, subió a la montaña para orar a solas"* (Mateo 14: 22- 23).

Jesús nos muestra el camino para afirmar nuestra relación con el Padre, enfrentar las luchas internas, afirmar los pensamientos correctos, y encontrarnos con la esencia misma de lo que somos en Él.

Disfruto con amigos que tienen el deseo de crecer, que sueñan con cosas mejores, que piensan que pueden cambiar el mundo y que se atreven a hacer cosas diferentes. Disfruto con amigos que piensan profundo sobre la vida, que no toman las cosas a la ligera, que su diálogo no es superficial o simplemente para pasar el tiempo. Me gusta hablar de la vida, sobre cómo han superado sus miedos, cómo han conquistado sueños y cómo Dios los ha transformado, porque todo esto me pone un espejo que me inspira y me anima a recorrer el mismo camino: el camino a Dios y a mi propio destino.

Tu tiempo no ha pasado

Esto me recuerda algo que me ha hecho pensar tantas veces. Mi papá llegó a la iglesia cuando tenía 30 años y cuando tenía 33 o 34, un pastor le dijo: "Qué pena que llegaste al evangelio tan tarde, pudieras haber hecho tantas cosas si hubieras llegado antes". Es interesante cómo eso a veces nos moldea, porque creo que muchas de las personas que van a leer esto pueden verse reflejadas en lo que no hicieron en el pasado.

La pregunta que uno se hace es si uno llegó tarde. Veamos algunas referencias. Moisés empieza su ministerio cuando tiene 80; Abraham tiene 100 cuando tiene a Isaac; Jesús empieza su ministerio cuando tiene 30 y lo hizo en tres años. Nadie llega tarde, nadie, absolutamente nadie llega tarde o empieza tarde.

Tengo una amiga llamada Mary Ruth. Cuando le conocí, uno de esos días había dado ella dos conferencias, una rueda de preguntas y respuestas, cenábamos en la noche con el otro orador y estaba fresca, llena de vitalidad, de vida. En ese momento yo estaba sorprendido mirándola a sus 85 años. Su vitalidad, su alegría, su voz, me estaba poniendo un nuevo espejo dentro de mí, que es como yo quisiera mis 85, porque cuando uno piensa a alguien de 85, piensa que alguien ya se jubiló, está en una hamaca, está dormitando, solo existe. Ella estaba viviendo plenamente.

Yo estaba extasiado mirándola, entonces yo, como siempre hago preguntas, pregunté: "Mary Ruth, ¿cuántos libros ha escrito?". Me dice: "Ocho, después de los 65". Y de paso me dice: "Y todo lo que he hecho, comenzó después de los 65, ¿por qué? Porque antes vivía casada con un psicópata", dice.

Sin decir nada más, ella había sido agredida, abusada, lastimada, y añadió: "Un día a mis 65 le dije a Dios que quería un hogar donde descansar, es decir, donde terminar, porque 'estoy cansada, abusada, agredida, lastimada'".

Es interesante porque cuando uno piensa que todo ha terminado, todo está por comenzar y ella dijo: "Ese día cuando le pedí a Dios que quería un lugar tranquilo para descansar, oí su voz que me dijo, '¿qué te gustaría hacer que no has hecho?', y se despertaron todos los sueños que tenía dormidos y se despertó el gigante que tenía dentro de mí". Me mira y no olvido sus ojos celestes profundos, y me dice: "Hijo, todo lo que he hecho, lo he hecho después de los 65".

Ella era millonaria, escritora de libros, doctora en nutrición, creadora de productos de nutrición, viajaba dando conferencias. Es decir, cuando uno menciona lo que hacía, cualquiera diría: "Tiene 20", "Tiene 30", "Tiene 40", "Tiene 50". No, tiene 85. Entonces, cuando yo miro esa fuerza, esa energía, ¿85 años? La pregunta que viene es: "Y Mary Ruth, ¿qué sigues en tu vida?". Bueno, ella me responde desde la flor de la vida, desde la realización y me dice con una sonrisa pícara: "Algo más grande que lo que ahora tengo".

La vida no termina con los años que tengo o con lo que la sociedad dice: "Ya terminó". La vida puede que termine a los 20, cuando ya dejaste de tener sueños o no tienes interés en vivir, o puede que termines a los 15 o a los 50, o bien puede que comiences a los 80, a los 60, a los 70. No hay edad. O sea, los proyectos más grandes, más hermosos, no tienen edad.

¿Cuándo comienza? Pregúntale a David. Nadie creía en él, ni el papá. Porque cuando el profeta llega a buscar rey y le dice que llame a los hijos, ni siquiera llama a David. Yo creo que alguien tenía que quedarse con las ovejas ¿Quién? ¿El último? Bueno, cuando el espejo es la sociedad o hasta la misma familia, se pueden equivocar, porque el que no eligieron era el elegido, el que Dios había elegido.

Y ese puede ser el mismo caso en cada una de las personas que me está leyendo. En todos nosotros es el mismo caso, en todos, tú puedes ser el mayor y puedes decir: "¿Por qué no fui el menor? ¿Por qué? Porque a mí me ponen toda la responsabilidad, en cambio el menor juega, se divierte. En cambio a mí me tratan como al segundo papá". Entonces, uno no puede creer que uno llegó tarde.

¿Qué es la vida? El segundo que vives. El que pasó no existe y el que no ha llegado tampoco existe. La vida es el segundo en el cual yo soy consciente de que existo, y que existiendo soy la imagen revelada de Dios en el presente. Entonces, tengo plenitud y sentido de trascendencia, y dejo una marca de vida en los que están a mi lado. No pierdo el tiempo.

> ¿QUÉ ES LA VIDA? EL SEGUNDO QUE VIVES. LA VIDA ES EL SEGUNDO EN EL CUAL YO SOY CONSCIENTE DE QUE EXISTO.

No somos demasiado viejos y no somos demasiado jóvenes. Tenemos que creer en nosotros a cualquier edad, siempre. Porque Dios no se equivoca. No se equivocó cuando concedió un hijo a Zacarías y a Elizabet. ¿Se equivocó con Abraham en llevarlo al límite de prometerle a los 75 un hijo? ¿Por qué no se lo dio a los 76 o a los 77? Porque todos tenemos que pasar esos momentos donde se forma el carácter, donde se pule algo dentro de nosotros que Dios quiere hacer para que estemos preparados y que toda la gloria sea de Él. ¿Por qué Dios no sanó a Moisés y le dio una voz fluida? No, para que toda la gloria fuera de Él.

Es muy interesante esto, porque sigue viniendo al inconsciente de uno. Hay personas que lo tuvieron todo: belleza, riqueza. Cuando hablas con ellos, te das cuenta de que tienen los mismos miedos y temores que cualquier mortal, que cualquiera, los mismos, solo que en la dimensión de ellos. Un día alguien me dijo: "Todos tenemos los mismos problemas, solo que con diferentes ceros detrás".

Medimos todo como nos miramos

Un día vengo en un avión, me habían ascendido a clase ejecutiva, yo venía feliz. "Gracias, Señor, puedo ir en un asiento más cómodo, puedo reclinarme más, me van a dar mejor comida. Gracias, Señor, gracias". Yo venía feliz, porque siempre voy a dar gracias a Dios en cualquier circunstancia.

El caballero de al lado venía hablando por teléfono y decía: "Esta porquería de avión, no tiene ni siquiera un televisor en el asiento y eso que voy en clase ejecutiva, pero esta porquería de avión de miércoles, esta compañía que no…" Yo dije: "Guao, este hombre se boicoteó a sí mismo". ¿Por qué? Porque convirtió algo hermoso en una porquería.

Cuando él habla de esa manera, no habla del avión; en el fondo habla de él. Cuando yo hablo refiriéndome a los demás o hacia lo que me rodea, lo único que estoy haciendo es reflejando lo que hay dentro de mi corazón. Entonces, uno tiene que entender que uno pudiera ir en el mejor avión, en el mejor vehículo y convertirlo en la peor historia. No tiene nada que ver el vehículo; tiene que ver cómo yo interpreto la historia.

Es el mismo principio de cómo nosotros nos vemos. En el fondo yo mido el avión por como yo me miro. Ese soy yo, pero ¿dónde lo aprendí? Cuando yo lo escuché hablar, me doy cuenta de que es un elemento cultural de su ciudad donde vive, porque a todo le llaman "porquería" y tienen un complejo de superioridad. El complejo de superioridad tiene el problema de que nunca llega, de que no importa donde estés, tú siempre mereces algo mejor.

En el fondo, ¿qué es lo que anhelas? Vivir bien, tener paz, tener gozo y ¿qué lo determina? ¿El traje que luzco? No, el corazón. Por eso a mí me encanta, cuando voy a los aeropuertos, ver los sobrecargos y los pilotos. En la mayoría de las aerolíneas uno los mira entrar y los mira caminar, bien peinados, bien arreglados, caminan erguidos y se pavonean. Me encanta verlos.

Pareciera que se lo creen. Así deberíamos caminar todos por dentro, no importa el traje, no importa el maquillaje. Por dentro está la esencia misma de lo que yo soy, como bien leía la otra vez.

Un joven nuevo llegó a un lugar, un anciano estaba en la entrada del pueblo. "Y ¿cómo es la gente aquí?", preguntó él. Le dice el anciano: "Y ¿cómo es la gente en su pueblo?". "Horrible, murmuran, critican." "No, aquí es igual."

Llegó otro nuevo al pueblo: "Oiga, soy nuevo en el pueblo, y ¿cómo es la gente aquí en el pueblo?". "Y ¿cómo es la gente en su ciudad?". Dice: "En mi ciudad la gente es alegre, es feliz, sonríe, somos serviciales." "Aquí la gente es igual." Porque no es cómo es la gente, es cómo es mi corazón, cómo yo miro. Lo que yo proyecto es eso.

Es la moraleja del perro que entra a la casa de los mil espejos. El perrito estaba muerto de frío, llovía afuera, ve una puerta entreabierta, la tira con la pata y de repente, lo ve lleno de perros y comienza a ladrar y todos comienzan a ladrar. Da media vuelta y se va porque vio que eran muy agresivos. Entra otro perrito, abre la puerta suavemente y mira un montón de perritos sonriendo, entonces decidió quedarse. Era una casa de mil espejos.

Capítulo 9

LA ESPERANZA CAMBIA TU IMAGEN

Cuando nos preocupamos no solucionamos las cosas. Lo que hacemos es aumentar la angustia y disminuir las fuerzas, porque gastamos energía valiosa en algo que no resuelve lo que estamos viviendo. Ocuparse en buscar soluciones nos puede guiar a descubrir un camino a seguir.

Cuando creemos que podemos superar la crisis, y decidimos caminar por convicción, surge esperanza y ánimo, porque la esperanza alimenta los sueños y genera ilusión por el futuro.

La esperanza produce alegría y genera expectativa por el mañana. Es producto de una actitud positiva ante la vida y trae beneficios en todo sentido, brinda confianza y saca lo mejor de nosotros. Hace que seamos más amistosos con las demás personas y más aún con los miembros de la familia.

Cuando la persona tiene confianza, se motiva y vuelve a caminar de nuevo en la dirección que se ha propuesto, tiene más probabilidades de alcanzar las metas planteadas y aumenta la posibilidad de obtener mejores resultados en lo que hace. Una persona con esperanza y optimismo se plantea objetivos en la vida y los alcanza, porque se ocupa en hacer lo correcto, en lugar de quedarse paralizado en medio de la preocupación.

La esperanza no ignora las dificultades y problemas, más bien nos dirige a buscar soluciones. Las personas que confían en Dios tienen esperanza, tienden a ver los obstáculos como pruebas por superar y se sienten con más capacidad al enfrentar los retos que la vida les presenta.

Es la esperanza la que nos trae convicción de que los problemas no duran para siempre, que todo pasa y que las heridas del camino sanarán con el tiempo. Hace que surja fuerza de nuestro interior, nos permite ver la luz en el horizonte y nos guía de la oscuridad a la claridad, haciéndonos comprender que vienen días mejores.

Cuando estamos seguros de que Dios camina con nosotros y que guía nuestros pasos, desarrollamos el carácter, nos hace enfrentar con buen ánimo la circunstancia adversa, la noticia que no nos agrada y la decepción que no esperábamos.

Cuando confiamos que Dios no se ha equivocado con nosotros, podemos combatir los pensamientos de descalificación y transformar las limitaciones circunstanciales. Sabemos que vendrán días mejores y que aprovecharemos al máximo las oportunidades que se nos presenten. Nos levantamos con una imagen propia capaz de superar cualquier situación.

Tener la certeza de que la situación que vivimos mejorará no se produce por el lugar donde vivimos, las comodidades que tenemos o el auto que lucimos. Lo producen la condición del corazón, la gratitud, la fe, la constancia y el buen ánimo. Pero sobre todo, tener esperanza y una actitud positiva nos permite vivir la vida a plenitud, ser personas más agradecidas, y nos ayuda a trabajar nuestras luchas internas.

Sin esperanza, las personas pierden la ilusión por la vida, la confianza y sienten que no vale la pena intentar nada. La preocupación no es una buena consejera porque nos paraliza, pero tener esperanza nos permite recobrar la ilusión, y nos mueve a la acción.

Una persona sin esperanza solo hace lo que debe hacer, posiblemente no tenga metas a largo plazo, porque la falta de esperanza elimina la ilusión de algo mejor, roba la energía, vuelve lentas a las personas para actuar, hace posponer decisiones importantes y ocasiona pérdida de confianza.

La falta de ilusión limita a las personas, porque tienen menos expectativas y se sienten vacías o incomprendidas, y esto hace que su actitud sea negativa hacia los demás. Lo contrario a la esperanza es el pesimismo, que produce desesperación, angustia, una sensación de incertidumbre, ataques de pánico y pensamientos destructivos. Todos, en muchos momentos de la vida, hemos tenido que luchar contra alguno de estos sentimientos y tenemos que vencerlos.

La mejor forma de contrarrestar la preocupación es cambiando nuestra forma de pensar, lo cual facilita una mejor actitud ante la vida. Esto lo podemos lograr recurriendo a la fuente de la vida que es la fe y la confianza en Dios.

La vida no es fácil. Hay momentos donde las fuerzas se agotan, los complejos nos descalifican y las personas nos fallan. Hemos intentado mil cosas y nada sale como lo hemos planeado. Esto nos puede llevar a estigmatizarnos como fracasados y creemos que es imposible avanzar a la siguiente etapa. Es en medio de todas estas circunstancias donde se pierde la esperanza, el buen ánimo y las fuerzas para seguir luchando.

Puede ser que desde pequeños nos dijeron que seríamos incapaces de alcanzar algo en la vida, o que siempre seríamos personas mediocres. Esto roba las fuerzas y nos limita. Si hemos crecido en ambientes así, es necesario levantarnos para escribir una nueva historia. Debemos aprender a perdonar a quienes nos lastimaron, abusaron o abandonaron. Si nos marcaron con palabras de descalificación, vamos a cambiar nuestro diálogo interno, de tal manera que recobremos el ánimo que nos permita soltar las amarras del pasado y extendernos hacia el futuro. Es a partir de comenzar a soñar en un mejor mañana y sanar nuestra autoimagen, que nos levantamos de los efectos de esos círculos tóxicos.

Establece un nuevo fundamento

Nos corresponde establecer un nuevo fundamento, uno donde prevalezca el respeto hacia nosotros mismos y los demás. Solo así tenemos paz y nos es más fácil lograr tener buen ánimo y levantarnos de nuevo en medio de lo que estamos viviendo.

Es tiempo de comenzar a cambiar nuestras creencias, a desaprender lo que nos limita y definir lo que somos en función de la esperanza, el buen ánimo, la fe, y la confianza en Dios. Deja que sea Dios quien te defina, te afirme y te guíe al siguiente nivel.

No podemos inspirar esperanza en otras personas si no la tenemos nosotros primero. Por eso, debemos recuperarla, para luego hacerla brillar en los demás.

No podemos negar el dolor que vivimos, y tampoco dejarnos dominar por él. Debemos tomar el tiempo necesario para llorar, pero no podemos dejarnos consumir por el dolor que sentimos. Hay tiempo para llorar, pero también tiempo para perdonar, tiempo para pensar y tiempo para actuar. Es la ilusión la que nos conduce a la serenidad y la perseverancia necesarias para remontar la adversidad y vivir más tranquilamente.

En lugar de pensar en el sufrimiento que estamos atravesando, pensemos en las cosas constructivas para encontrar una salida a la situación que enfrentamos. El dolor no tiene que convertirse en el centro de nuestro pensamiento. Tenemos que encontrar los pensamientos correctos que nos permitan disuadir el sentimiento de sufrimiento, y encontrar ideas que nos conduzcan a la salida de lo que estamos viviendo. Tenemos que ser capaces de analizar las diferentes alternativas que tenemos para mirar de nuevo hacia adelante. Recuerda que el dolor que se experimenta en los momentos difíciles forma el carácter, desarrolla la creatividad y nos acerca a Dios.

No podemos gastar tiempo hablando a todos sobre los dolores que estamos enfrentando, y comportarnos como víctimas. No inspiremos lástima porque no resuelve lo que estamos viviendo. Mejor busquemos consejo para enriquecer nuestro criterio, alguien que nos escuche, que sea confiable y capaz de hacernos ver las opciones que tenemos. Busquemos levantar nuestro ánimo y elevar el nivel de esperanza, para vivir más tranquilamente y con menos estrés.

Hay cosas que nadie puede hacer por nosotros en medio de la adversidad. Es nuestra responsabilidad surgir nuevamente. No podemos responsabilizar a nadie por lo que estamos sintiendo y experimentando. Nos toca a nosotros enfrentar la adversidad, crecer como personas, ordenar las ideas, trabajar con los sentimientos y encontrarnos con Dios y nosotros mismos.

La vida nos ha demostrado que siempre detrás de la noche oscura, sale el sol radiante y, aunque haya nubes, ahí está el sol, presto para alumbrarnos y calentarnos. Luego de la tormenta, viene la calma y es precisamente la esperanza la que nos hace soñar despiertos en un nuevo amanecer, disfrutar más el viaje de la vida, y disminuir el estrés que enfrentamos.

Los seres humanos solemos ver más lo malo que lo bueno, pero la esperanza produce dicha, alegría y nos hace ver que el fracaso y la adversidad son menos que los momentos de gloria que experimentamos.

La esperanza se fundamenta en la confianza plena en Dios y la desesperanza en la ignorancia que distorsiona la realidad. La esperanza nos hace caminar y creer que lo mejor está por venir. Si tenemos una mejor actitud ante la vida, podemos superar nuestros complejos y miedos.

Actuar apresuradamente y movernos por lo que sentimos sin tomar el tiempo suficiente para reflexionar podría guiarnos a un viaje de angustia y ansiedad. Cuando tratamos de adelantar el tiempo y no alimentamos nuestra vida con los pensamientos correctos, podríamos perder la paz. Es mejor vivir intensamente el presente, aprender de las experiencias pasadas, perdonar a quienes nos lastimaron y soñar con el futuro a partir de la fe y la esperanza. Para lograrlo, debemos aprender a conducir nuestros sentimientos con el pensamiento correcto y la mejor actitud.

Si aprendemos a manejar nuestras emociones y a encauzarlas adecuadamente, tendremos una mejor calidad de vida, menos estrés y disfrutaremos más a quienes amamos, lo que tenemos y lo que hacemos. Hacer pausas para pensar, ordenar las ideas, interpretar nuestros sentimientos y definir una ruta a seguir, es la mejor forma de encarar la vida.

Es necesario conducir nuestros sentimientos a partir del análisis frío que nos permite tomar en cuenta las consecuencias de nuestras decisiones. Es en medio de esta reflexión que es bueno

LAS EMOCIONES NOS IMPULSAN, LA REFLEXIÓN NOS GUÍA.

buscar el consejo de personas sabias que puedan orientarnos a considerar otras opciones y escenarios que no habíamos contemplado anteriormente. Las emociones nos impulsan, la reflexión nos guía.

Todos quisiéramos desarrollar la intuición necesaria para actuar en función de lo que sentimos, porque nos parece que hay personas a las que les funciona, pero no siempre es así. Si deseamos tomar sabias decisiones, conducir nuestras emociones y vivir en paz, debemos vivir procesos que nos permitan añadir sabiduría a los sentimientos, y hacer pausas que nos conduzcan a tener conciencia de lo que estamos experimentando.

La preocupación surge de pensamientos que alimentan imágenes negativas en nuestra mente, porque creemos no poder manejar o hacerle frente a la información que hemos recibido. El cerebro es extraordinario, tiene la capacidad de imaginar lo que nos están narrando, despertando ilusión, alegría o preocupación y ansiedad. Debemos aprender a tener pensamientos correctos y a manejar nuestros sentimientos.

Lo que les ocurre a otras personas no necesariamente nos ocurrirá a nosotros, y lo que experimentamos en el pasado no tiene por qué seguir controlando nuestro presente.

Debemos aprender a canalizar la información que recibimos, de tal forma que produzca el efecto correcto en nuestras emociones: esperanza, alegría y ánimo. Tendremos tensión si dejamos que la preocupación nos conduzca, pero buen ánimo si alimentamos correctamente lo que pensamos. Si nos informamos adecuadamente, erradicamos los pensamientos dañinos y decidimos vivir en función de nuestras convicciones, será más fácil erradicar el temor, la ansiedad y la angustia.

Mantener la calma, enfriar las emociones, reflexionar antes de actuar y buscar el consejo de buenos amigos, es lo que nos guía a decisiones sabias y a vivir con paz y tranquilidad.

Si aprendemos a retener la alegría y a encontrar el lado bueno de las cosas, tendremos un mayor nivel de felicidad. Aléjate de ambientes contaminantes, de personas tóxicas, de mensajes pesimistas y de pensamientos caóticos. La vida es bella y debemos aprender a vivirla en esta dimensión. Esto lo logramos cuando tenemos una autoimagen sana, mantenemos intacta nuestra capacidad de soñar, somos agradecidos, apreciamos el gesto amable y nos dejamos amar.

Una persona que tiene una autoimagen correcta es alegre, y lo evidencia el trato amable que tiene con los demás. Alimenta los pensamientos que te producen aceptación, alegría, paz, ánimo y esperanza. Son los pensamientos correctos los que deben conducir nuestras emociones; los que producen paz, esperanza, ánimo y nos proyectan en el tiempo.

Pensar negativamente nos seduce porque es lo más natural, pero si luchamos por alimentar el pensamiento correcto, nos nutrimos emocionalmente, apreciamos el abrazo del amigo, perseveramos en lo que nos inspira, y fortalecemos nuestras convicciones. Tendremos paz, crecerá la ilusión y nos afirmamos en Dios.

Nos roba la paz ser perfeccionistas, alimentar el chisme, juzgar a las personas, escuchar noticias deprimentes y quejarse constantemente. Debemos aprender a huir de lo que nos roba la fuerza, alimenta el temor y nos hace vivir viajes de angustia. Todo inicia con la valentía de combatir los pensamientos tóxicos, distanciarse de las personas dañinas y alejarnos de los ambientes que nos lastiman. Debemos ser intencionales en todo lo que hacemos, escuchamos, leemos y creemos.

La búsqueda de la excelencia, la cual está ligada a hacer todo lo posible por mejorar nuestra calidad de vida, pensar correctamente y reaccionar sabiamente, nos permite conservar la calma, reflexionar antes de hablar y disfrutar la vida. Camina despacio, observa los detalles, da gracias a quien te sirve, aprecia el gesto amable y sé agradecido con Dios y con las personas.

Tenemos que aprender a contrarrestar los pensamientos negativos porque despiertan sentimientos confusos y podrían conducirnos a la descalificación, el menosprecio de los demás y al sentimiento de victimización.

Si no intervenimos los sentimientos negativos, podría surgir la ansiedad y la preocupación, produciendo desconsuelo y desánimo. Logramos conducir nuestros sentimientos negativos cuando aprendemos a elaborar la estrategia correcta, la cual nos permite encarar los retos y desafíos que todos vivimos.

Es necesario evaluar lo que estamos pensando y sintiendo, planear lo que vamos a hacer y cambiar lo que debes cambiar. En medio del proceso, debemos aprender a combatir los pensamientos negativos y sustituirlos por información alentadora, palabras de estímulo y oraciones que eleven el ánimo. Muchas veces necesitamos tomar el tiempo necesario para que el pensamiento se aclare. No trates de adelantar los acontecimientos. Si lo hacemos, podríamos iniciar un viaje de temor, ansiedad y angustia. *"Todo tiene su tiempo, y todo lo que se quiere debajo del cielo tiene su hora"* (Eclesiastés 3: 1 RVR1960).

No trates de controlar las circunstancias que no puedes cambiar, y permite que las personas tomen responsabilidad de sus propias decisiones. Pon tu confianza en Dios y vive un día a la vez. Concéntrate en la solución y no en el problema. Remplaza el enojo y la preocupación por la confianza y la esperanza. El tiempo no se adelanta, se vive. El futuro se sueña y lo anticipan la ilusión, la confianza en Dios y la esperanza.

El estrés crece cuando sentimos culpa, tenemos mucho trabajo, vivimos en un ambiente de agresión, dejamos que la preocupación supere nuestras energías, o no descansamos lo suficiente. Lo contrarrestamos organizando nuestras tareas, definiendo prioridades, delegando lo que no podemos hacer, aprendiendo a decir «no» cuando las tareas sobrepasan nuestras capacidades, reconociendo nuestras limitaciones y enamorándonos de la vida y la familia.

Si aprendemos a canalizar el estrés, disfrutamos más lo que tenemos y vivimos, disminuimos el nivel de ira, alejamos la depresión, amamos y nos dejamos amar.

El cambio empieza con una decisión

Todos estamos creciendo, aprendiendo y transformándonos continuamente; cambiar nos permite enfrentar los retos de un mundo desafiante. Crecemos en nuestra capacidad de vivir en paz con nuestro ser interior, si estamos dispuestos a aprender. Para enfrentar el cambio es necesario reinventarnos continuamente; detenernos para reflexionar y procurar la paz internamente.

Normalmente tenemos una resistencia natural a detenernos para reflexionar, analizar lo que sentimos y tomar acción para mejorar como personas. Es necesario visualizar el futuro con esperanza, ilusión y buen ánimo. Esto nos permite descubrir mejores oportunidades y nos reta a adquirir nuevas habilidades mientras seguimos con nuestra rutina diaria de todos los días.

Para mejorar hay que cambiar, para cambiar hay que aprender, y para aprender, debemos estar dispuestos a reconocer que aún no lo sabemos todo y hay un mundo interior por descubrir. Para esto se requiere un espíritu educable y desear llegar a ser lo que Dios dice que somos, y no lo que dicta la sociedad que debemos ser. No es fácil porque demanda dedicación para descubrirnos, soltar lo que ya no existe, perdonar a quienes nos han herido y aprender a pensar correctamente. Sin embargo, lo logramos cuando tenemos ilusión por descubrir quiénes somos, cuánto podemos, y el propósito para el cual hemos sido creados.

Para cambiar internamente, primero se requiere tener un sueño que nos inspire y despierte la motivación de seguir luchando por descubrir el diseño de Dios para nuestra vida. En segundo lugar, se necesitan deseos de aprender y la curiosidad de investigar, así como lo hacen las personas que lo han logrado. En este trayecto quizá nos vamos a sentir expuestos a nuestras carencias y, en algún momento, hasta vulnerables o frágiles, pero esto en lugar reforzar nuestros temores, debe despertar en nosotros el deseo de crecer.

Para mejorar, debemos saber quiénes somos, qué podemos hacer bien, descubrir una visión que nos apasione, y permitir que otros nos complementen.

Todo cambio empieza con una decisión. El cambio, para que sea permanente, necesita acción, movimiento y determinación. Pero también necesitamos estar persuadidos de que el cambio que estamos buscando trae crecimiento personal y beneficio para las personas que amamos. Es esto lo que nos provee la motivación necesaria para mantener el cambio en el tiempo.

Para que los cambios en nuestro amor propio sean significativos y permanentes, se requiere que seamos perseverantes en aceptarnos, buscar la información necesaria que nos ayude a crecer, diseñar una ruta a seguir, elegir bien a las personas que nos acompañarán en el camino, y recordar que vamos a avanzar paso a paso. En algunos momentos nos sentiremos desanimados, pero son momentos emocionales que pasan.

Es necesario creer que Dios nos ha traído hasta aquí y que nos guiará paso a paso hasta llegar al destino propuesto.

Capítulo 10

IMPACTO DE UNA VISIÓN EN TU VIDA

Cuando la vida tiene sentido

Fuimos creados para tener una misión que cumplir, y una visión que nos dé sentido, propósito y dirección. Quien no tiene una misión en la vida, carece de motivación para vivirla.

Si una persona solo cumple sus obligaciones básicas, es alguien que simplemente subsiste. No tiene ilusión, ni ánimo para nada más que cumplir con sus responsabilidades diarias. Son personas que se levantan, se bañan, se visten, respiran, caminan como autómatas y cumplen. Viven aburridas y pocas cosas les satisfacen. Y como nada tiene sentido en sus vidas, suelen vivir criticando a quienes sí lo tienen.

Existe otro tipo de personas que viven una existencia sin sentido. Son aquellas que solo viven en el nivel de "la apariencia", impresionando a los demás y compitiendo con todo el mundo. Actúan así desde la insatisfacción, desde sus complejos y miedos, desde el "nunca me siento pleno". Por ello nunca tienen el auto, la casa, ni el trabajo que "merecen", las posesiones los definen y buscan obtener prestigio de esa manera. Se fotografían con su última adquisición y siempre quieren más. Lo que tienen nunca es suficiente. Para ellos, triunfar no basta.

Pero las personas que se aceptan se aman tal cual son y encuentran una causa noble que las inspira, un motivo por el cual vivir, avanzan en la dirección que se han propuesto, disfrutan lo que hacen, viven a plenitud y tienen un alto sentido de realización y trascendencia. No son conformistas, son apasionadas. Para ellas, la vida tiene un sentido diferente, saben quiénes son y cuánto valen para Dios. Lo que hacen les permite crecer y benefician a los demás, dejando tras de sí un legado que trasciende generaciones.

La fuerza de una visión

Una de las formas que Dios utiliza para sanar la imagen que tenemos de nosotros mismos es apasionar nuestro corazón con una visión, con un sueño que se anida en la mente y acelera el corazón. Lo hace porque nos confronta con nuestros temores y nos permite encontrarnos con Él en medio de nuestra impotencia. Es ahí donde Dios sana nuestra imagen interna, encontramos inteligencias ocultas, dones que jamás imaginamos que teníamos y nos invita a depender de Él.

Una visión es una imagen de lo que va a ocurrir en el futuro. Es visualizar el resultado por adelantado. Es la capacidad de anticipar los tiempos. Y como la visión es algo para poner por obra, activa la creatividad, nos motiva a caminar, y nos proyecta hacia el futuro. Como esa imagen también es positiva, nos inspira y motiva a seguir adelante hasta alcanzarla. A esto podemos añadir que una persona inspirada motiva a otros a que hagan lo mismo.

La visión nos realiza como personas y nos permite tener una actitud positiva frente a la vida, mientras nos obliga a hacer lo mejor que podamos y a buscar la excelencia mientras avanzamos. Un visionario sabe hacia dónde se dirige y solo habla de eso, pero una persona sin visión es alguien desmotivado, apático, crítico, desorientado y sin sueños por alcanzar.

Todos debemos tener una visión de lo que deseamos alcanzar en el futuro; una visión de la cual podamos hablar claramente y con mucha energía. La visión evoluciona con el tiempo y se aclara en tanto se comparte con los que nos rodean.

La visión debe ser personal. No es algo que se pueda copiar o imitar. Debe ser algo que deseamos, algo propio. Esto permite que sea una visión auténtica.

Es requisito encarnar la visión, llorar, pensar y apasionarnos por lo que deseamos, lo cual nos permite ver la necesidad y saber que somos parte de la respuesta. Mientras caminamos tras el sueño que nos inspira, Dios va sanando y equipando nuestras vidas para lograrlo.

No basta con tener un sueño o una visión. Necesitamos dar pasos concretos para materializar lo que estamos deseando. Todo sueño y toda visión requieren un plan de acción para convertirse en realidad. Es necesario planear lo que deseamos alcanzar: cómo lo vamos a lograr, con qué recursos contamos, a quiénes vamos a invitar para que nos acompañen y en cuánto tiempo lo lograremos. Nadie dijo que sería fácil, toma tiempo, energía y se requiere ser constante.

Escribamos la visión y permitamos que otros la conozcan, la escuchen y la enriquezcan. Sumemos a las personas correctas en nuestra aventura, personas que crean como nosotros, nos animen y nos estimulen.

Define metas y objetivos. Nos ayudan a establecer la ruta a seguir, precisan lo que debemos alcanzar y qué vamos a necesitar. Sin ellos, no sabemos cómo avanzar y menos cómo llegar. Los objetivos nos ayudan a avanzar paso a paso.

Anticipemos los obstáculos y las posibles dificultades que enfrentaremos. Esto nos permite poner nuestras expectativas en la perspectiva correcta, asesorarnos con los expertos y buscar la compañía de buenos amigos.

> DÉJATE APASIONAR POR UNA VISIÓN QUE TE DESAFÍE Y RODÉATE DE PERSONAS EMOCIONALMENTE SANAS Y DETERMINADAS.

Para materializar lo que hemos soñado, necesitamos sentir que somos la persona correcta y para eso, requerimos preparación, trabajo, esfuerzo, dedicación y fidelidad. Sí, se requiere pasión y optimismo, pero también acción. Aprovechemos cada oportunidad para crecer y aprender. Las oportunidades son únicas, no regresan, por eso deben ser bien aprovechadas.

El resultado de una visión

Una visión produce en nosotros sentido de dirección, nos define el trayecto que debemos seguir y nos impulsa a continuar con pasión y alegría.

Una persona que tiene una visión que le inspira, tiene esperanza y expectativa por lo que viene. Esto nos permite dejar de estar viendo lo que nos hace falta, las heridas del pasado, las traiciones que vivimos y los temores con los que luchamos. Frente a un reto por alcanzar solo queda avanzar, trabajar, luchar, perseverar y hacer lo correcto. Muchas personas han experimentado sanidad en su autoimagen, cuando sin pensarlo dos veces se atreven a caminar tras el reto que tienen por delante. Ellos saben que la obligación los llama. Déjate apasionar por una visión que te desafíe y rodéate de personas emocionalmente sanas y determinadas.

Para tener buenos resultados, no debemos correr, sino más bien debemos ser constantes y no perder el enfoque. Debemos también saber cuándo desistir ante la meta que nos hemos propuesto. Hay causas que no convienen, porque sus consecuencias serán dañinas y traerán dolor. En estos casos, debemos desistir, porque continuar traerá consecuencias. Por ejemplo, ¿cuándo debemos desistir?

> NO LO LOGRA QUIEN NO LO INTENTA; NO LLEGA, QUIEN NO CAMINA.

Si la visión compromete nuestros valores, debemos detenernos, porque construir un buen nombre toma mucho tiempo, pero para destruirlo, solo basta un acto caprichoso.

Debemos desistir **si estamos comprometiendo nuestra salud**, o nuestra integridad física o la de los demás.

También debemos desistir **cuando nuestra razón nos dice que no es lógico**, inteligente o va contra el sentido común.

Toda visión tiene que tener una causa justa, y debemos estar seguros de que vale la pena luchar por ella. Debemos perseverar cuando la causa lo amerita y luchar por lo que nos apasiona si esto es bueno. De lo contrario, desistamos.

Si el consejo de los demás y el sentido común nos indican que debemos abandonar, hagámoslo. Es mejor parar a tiempo que sufrir consecuencias dolorosas.

Una cosa es cierta: no lo logra quien no lo intenta; no llega, quien no camina. Por eso, escuchemos nuestro corazón y pidamos a Dios discernimiento: Él más que nadie es el interesado en que nuestras vidas trasciendan y dejen huella en otros.

El poder de la perseverancia

La perseverancia es firmeza y constancia ante el desafío. Es persistir en los objetivos propuestos y mantenernos trabajando en la misión que nos inspira. Es la capacidad de seguir adelante a pesar de los temores, obstáculos y dificultades. Perseverar es lo que nos impulsa a terminar lo que iniciamos y muchas veces, significa volver a intentarlo.

La perseverancia es amenazada por la adversidad, el desánimo, la frustración, el aburrimiento, la pereza, la negligencia y la traición. Mantengamos la vista en la meta y no en el sufrimiento temporal.

Se requiere perseverancia para enfrentar los momentos difíciles, porque es ante el fracaso, la crítica y la adversidad cuando tendemos a abandonar los sueños que nos inspiran. Es la perseverancia la que nos mantiene enfocados para actuar por la fuerza de la voluntad y no por los sentimientos que suben y bajan. La perseverancia nos ayuda a resistir el deseo de rendirnos cuando nos sentimos frustrados, descalificados o no aceptados.

Las personas que perseveran creen que lo único que les espera es alcanzar lo que se han propuesto. Mantienen la vista en la meta, procesan adecuadamente la crítica y nada los desenfoca. Frente a los resultados negativos, sienten que es cuestión de intentarlo una vez más. Un resultado positivo es fuente de inspiración para seguir y agradecer a Dios.

Las personas con una visión que les inspira y con el carácter suficiente para perseverar son optimistas, disciplinadas y exigentes con ellas mismas.

Una persona poco perseverante es perezosa, no lo intenta, busca lo fácil, toma atajos para hacer lo mínimo, pierde interés con facilidad y abandona antes de tiempo frente a la más mínima dificultad. Lo peor de todo es que culpa a los demás por lo que le ocurre. Por eso, debemos asumir la responsabilidad de nuestra propia vida, y es cuando lo hacemos que podemos encontrarnos con nosotros, con Dios y con nosotros mismos.

Cuando observamos el ejemplo de los que han perseverado, nos inspiramos. Por ejemplo, Abraham Lincoln, a los seis años, pierde a su madre; a los 22 años, fue despedido de su trabajo; al cumplir 41 años, su hijo de cuatro años muere, perdió seis elecciones y fracasó en dos negocios antes de convertirse en uno de los presidentes más importantes de Estados Unidos. Y Hellen Keller quedó sorda y ciega tras una enfermedad

> **LA PERSEVERANCIA CONVIERTE EN EXPERTO AL QUE UN DÍA FUE PRINCIPIANTE.**

antes de cumplir los 2 años y, a pesar de ese obstáculo, no solo logró aprender a comunicarse, sino que fue la primera persona sordomuda en conseguir un título universitario y publicar más de 10 libros.

Aprovechemos bien el tiempo, invirtámoslo en lo que tiene sentido y nos ayuda a alcanzar lo que nos hemos propuesto en la vida. Descubramos que la perseverancia convierte en experto al que un día fue principiante, pues mejoramos procesos y aumentamos las posibilidades de obtener mejores resultados. Pero esto ocurre, cuando nuestra autoimagen experimenta sanidad y nos afirmamos en los que Dios dice que somos.

Optimismo y buen ánimo

Es imposible alcanzar realización y éxito sin una visión que nos inspire y sin tener la perseverancia necesaria para insistir hasta alcanzar la meta propuesta. Mientras algunos se rinden ante la dificultad, otros perseveran porque esto aumenta las probabilidades de alcanzar la realización de sus sueños y metas.

Pero todo ello se logra únicamente con una actitud correcta, una actitud que nos permite valorar los logros obtenidos y apreciar el camino recorrido. El buen ánimo se alcanza cuando tenemos esperanza, eso que alimenta la seguridad de que lo que comenzamos lo vamos a terminar.

Es la actitud correcta la que genera un sentido de satisfacción que, al mismo tiempo, produce motivación interna.

¿Cómo mantener una alta motivación ante un desafío?

Logramos mantener una alta motivación ante los desafíos cuando valoramos y aprovechamos las oportunidades que se nos presentan. Si deseamos avanzar, y superar nuestros miedos, creamos que es Dios el que nos está dando esta oportunidad y vívala con intensidad, pasión, alegría y sentido de propósito.

Aprendamos de la experiencia, de los años vividos, de lo que han experimentado otros, leamos buenos libros, escuchemos biografías inspiradoras y dejemos que nuestra vida se vea desafiada por lo que otros han logrado. No

> TENGAMOS UN ESPÍRITU EDUCABLE, Y UN CORAZÓN MOLDEABLE.

tenemos que golpearnos con la misma piedra varias veces. Podemos aprender de la experiencia de los demás, y de los errores cometidos. Tengamos un espíritu educable, y un corazón moldeable. Es lo único que nos permite crecer y experimentar sanidad emocional.

Ubiquémonos en el lugar correcto. No es fácil, pero en tanto dependa de nosotros busquemos ambientes que no sean tóxicos, eliminemos en casa los sobrenombres que lastiman, las palabras que ofenden y aprendamos a disculparnos cuando hemos lastimado. Debemos hacer de nuestro hogar el mejor lugar para vivir, donde el amor, la aceptación, la afirmación y el elogio nos estimulen a seguir caminando y a enfrentar los temores que muchas veces quieren detenernos.

Cuando no sepamos qué hacer, todos necesitamos escuchar el consejo de personas sabias para que nos orienten y nos extiendan una mano.

Hagámonos acompañar por buenas personas en el trayecto. Todos necesitamos ser parte de un grupo que comparta nuestra fe, alimente la confianza en Dios, y nos ayudemos mutuamente. Crecemos cuando nos exponemos a los dones que los demás tienen. Nadie puede crecer viviendo en soledad; nacimos para ser parte de una familia extendida.

Tenga buenos amigos, pero entre ellos, tenga amigos del alma, con los cuales pueda compartir los secretos del corazón, los dolores por superar y las luchas emocionales que le inquietan. Jesús tenía amigos cercanos como Pedro, Juan y Jacobo, pero también era un gran amigo de Lázaro y sus hermanas Marta y María. Envió a sus discípulos de dos en dos para que se acompañaran y se ayudaran mutuamente. Todos necesitamos ser parte de un gran equipo.

Aceptémonos con nuestras virtudes y defectos. Es lo que nos permite compensar las áreas en las que no somos buenos. y es una forma de sanar las heridas del corazón.

Nuestro mayor enemigo: el autosabotaje

Todos hemos fallado y hemos sido humillados, menospreciados y algunos hasta desechados, pero esto no nos define ni determina nuestro futuro. El futuro lo construye cada decisión que tomamos y lo impulsa el pensamiento correcto.

El problema principal ante los desafíos es la auto descalificación. La única forma de superar los obstáculos es eliminando las excusas. Por eso debemos renovar nuestro diálogo interno para mantenernos motivados, y así poder distinguir los obstáculos imaginarios de los reales y hacerle frente a cada uno como corresponde.

Hay temores reales, como el temor a lo desconocido, al camino no recorrido, a los diagnósticos de los "especialistas". También están los imaginarios, que suelen tener un fundamento incierto, pero los aceptamos como tales. Lo cierto es que ambos se vencen con el análisis correcto, con la segunda opinión y, sobre todo, con la confianza plena de que lo que hemos soñado se puede lograr. Los temores no se pueden ignorar, pero sí se deben enfrentar.

Consejos prácticos

▶ Definamos claramente nuestros miedos, en qué momentos aparecen, qué los provoca, qué los hace crecer. Ello nos llevará a descubrir su origen y cómo hacerles frente. Al identificarlos, podemos atacarlos como corresponde. Puede ser que nos estemos definiendo como fracasados y no sabemos de dónde sacamos ese pensamiento, hasta que recordamos que nuestro padre nos decía que no servíamos para nada. O puede ser que tuvimos un compañero que se burló de nosotros y nos estigmatizó como incapaces, malos o débiles.

▶ Si podemos ubicar bien nuestros miedos, podremos atacarlos correctamente y quitarles el valor que les hemos dado. Si no enfrentamos los miedos, quedamos sin fuerza, imaginamos lo peor y nos inunda el desánimo. Pero si fortalecemos el pensamiento correcto, tendremos valor y esperanza. Por eso, elijamos bien lo que pensamos, lo que escuchamos, vemos y leemos. Porque bien lo dijo el apóstol Pablo al escribir: *"Por lo demás, hermanos, piensen en todo lo que es verdadero, en todo lo honesto, en todo lo justo, en todo lo puro, en todo lo amable, en todo lo que es digno de alabanza; si hay en ello alguna virtud, si hay algo que admirar, piensen en ello"* (Filipenses 4: 8 RVC).

▶ Perdonemos. Esto nos libera del resentimiento y la amargura, aumenta la fuerza y produce libertad.

▶ Frente a los temores, debemos definirnos correctamente y vernos como Dios nos ve, porque esto nos produce aceptación: ¿Quién soy?, ¿Cuánto puedo?, ¿Hacia dónde deseo ir?

▶ Perdamos el miedo al fracaso, al que dirán, a la crítica, a sufrir. Se pierde haciendo lo que nos ilusiona. Atrevámonos a alimentar la visión que nos inspira y esta se convertirá en fortaleza. Cuando perdemos el miedo al fracaso, nos atrevemos, disfrutamos más y confiamos más.

▶ Eliminemos las excusas, y actuemos.

▶ Avancemos un paso a la vez. Esto desarrolla confianza, seguridad y nos introduce a la siguiente etapa de la aventura. Quien se atreve a dar el primer paso, se dará cuenta de que fue capaz de hacerlo. La siguiente vez, el temor será menor y la confianza crecerá.

▶ Cuando tengamos un sueño que nos inspire, una visión que nos apasione, atrevámonos a convertirla en realidad. Saquemos lo mejor de nosotros y pongamos manos a la obra, porque Dios siempre nos sorprende.

▶ Cambiemos el pesimismo por la confianza, y la queja, por la gratitud.

▶ Descansemos para renovar fuerzas y aclarar la mente. Esto nos permitirá tener una mejor actitud.

▶ Alejémonos de ambientes tóxicos.

▶ Nunca nos comparemos.

▶ Busquemos consejo. Atrevámonos a escuchar a las personas que ya han recorrido el camino.

▶ La vida no es perfecta. Todos vamos a experimentar traición, amenazas, desilusión, malos resultados y momentos dolorosos. Pero la vida también tiene grandes satisfacciones, buenos resultados, amigos que animan y la gracia de Dios necesaria para continuar.

▶ Frente a un desafío, pongamos nuestro mejor esfuerzo, entreguémonos apasionadamente y esperemos lo mejor. Alimentemos la esperanza y confiemos nuestros proyectos plenamente en Dios.

▶ Hagamos de la excelencia un estilo de vida.

Parte 3

EL ESPEJO DEL AMOR SUPREMO

"Porque tanto amó Dios al mundo que dio a su Hijo unigénito, para que todo el que cree en él no se pierda, sino que tenga vida eterna." (Juan 3:16)

Capítulo 11

ACÉRCATE A DIOS Y OBSÉRVATE

En el secreto de Dios hay algo no revelado de nosotros que no conocemos. Por eso la imagen no puede ser tratada como el reflejo físico, sino como el secreto no revelado. Es decir, hay más en nosotros de lo que vemos. No podrás verlo en nada, no se compra, no se aprende, no se ve, no se entiende, se revela, es una imagen revelada.

¿Cómo vamos llegando a esa imagen revelada?

Uno, yo tengo que encontrarme con Dios. La única forma es encontrándome con Dios, porque cuando me encuentro con Dios, me encuentro conmigo mismo.

La imagen correcta de Dios en nosotros es la revelación de la autenticidad de ser yo quien yo soy.

El día que **yo soy quien yo soy**, soy pleno, porque no tengo que fingir ser quien no soy; **yo soy**.

Dios se ha revelado a mi vida, y tengo la imagen correcta de mí.

En una ocasión escuché a un amigo que me enseñó su diario de frases maravillosas que lo inspiraban. Me contó que las escribe cuando las lee. Lo hace para interiorizarlas y las incorpora en su diario vivir cuando las cree. Me dijo: "Todos los días leo el libro de Proverbios y me deleito en un Salmo". Por eso recomiendo que cada uno de nosotros tenga un diario de pensamientos que le dirija al camino correcto; aquello que le impactó y le acercó más a Dios, y al diseño original con el que Él le creó. Esto le permite desarrollar su potencial. Son los pequeños logros los que nos permiten reconocer que hoy somos mejor que ayer y que estamos caminando en la conquista de nuestro ser interior.

Entre más cerca estemos de Dios, mejor nos conoceremos a nosotros mismos, porque somos el reflejo de su gloria. Vasijas de barro llenas de la gracia divina que nos permite pensar, sentir, amar, abrazar, crear, innovar, reinventarnos y soñar. Lee historias que te inspiren, observa películas biográficas que te desafíen a creer, acércate a Dios en todo momento porque te permitirá mantener viva la ilusión de la esperanza. Ama todo el tiempo, porque te hará sentirte vivo.

Todos vamos a enfrentar la crítica. Solo basta con que hagas algo para que otra persona te critique. Hoy vivimos en una sociedad herida, y por eso la crítica es más violenta y amenazante. Normalmente critica la persona que está herida, resentida con la vida, y las personas frustradas que solo desean lo que otros han logrado. Los que trabajan duro, crean cosas nuevas y recorren la carrera de la vida con ilusión, no tienen tiempo para ver lo que otros no hacen bien. Solo tienen tiempo para inspirarse en los logros de los demás, admirar lo bueno que otros han hecho y reinventarse cuando han alcanzado la meta que se habían propuesto. Por eso, no pierdas el tiempo dándole valor a la crítica, aunque podemos aprender de ella cuando tiene buena intención, y viene de personas que nos aman.

Tener una buena autoimagen es pensar bien de uno mismo, y este es el camino al autoconocimiento. Significa valorar las características que nos identifican, reconocer que podemos aprender, mejorar, cambiar, superarnos y aceptarnos con nuestras virtudes y defectos.

Todos tenemos el privilegio de realizarnos como personas, mientras animamos a otros a alcanzar su propio bienestar. Cada día debemos detenernos para contemplar el amanecer, sonreír con los demás, amar y dejarnos amar, escuchar en silencio la voz de Dios en nuestro corazón, reflexionar sobre lo que somos y apreciar los pequeños detalles que nos rodean. Me refiero a la salud, el agua que nos sustenta, la luz que nos alumbra el camino, los amigos que nos aman, la familia que nos ha visto crecer, y las miles de cosas que nos ocurren diariamente y que son milagros que vienen de la mano de Dios.

Si aprendemos a reflexionar y a vivir en intimidad con Dios, descubriremos que somos un milagro de su mano y todo nuestro ser se comportará como eso, el reflejo de la gloria de Dios en la tierra. No es para sentirnos superiores a los demás, sino más bien para servir a los demás como Él vino hacerlo con nosotros. Es lo que nos enseña Filipenses capítulo 2.

> *Por tanto, si sienten algún estímulo en su unión con Cristo, algún consuelo en su amor, algún compañerismo en el Espíritu, algún afecto entrañable, llénenme de alegría teniendo un mismo parecer, un mismo amor, unidos en alma y pensamiento. No hagan nada por egoísmo o vanidad; más bien, con humildad consideren a los demás como superiores a ustedes mismos. Cada uno debe velar no solo por sus propios intereses, sino también por los intereses*

de los demás. La actitud de ustedes debe ser como la de Cristo Jesús, quien, siendo por naturaleza Dios, no consideró el ser igual a Dios como algo a qué aferrarse. Por el contrario, se rebajó voluntariamente, tomando la naturaleza de siervo y haciéndose semejante a los seres humanos. Y, al manifestarse como hombre, se humilló a sí mismo y se hizo obediente hasta la muerte, ¡y muerte de cruz! (Filipenses 2: 1-8).

Si nos dejamos cautivar por el amor de Dios, nos permite identificarnos con Él. Por eso, detente para contemplar los detalles de la vida, aprecia las virtudes en los demás, valora lo que Dios te ha dado y agradece cada vez que puedas. Deja que tu imagen sea Dios quien la defina, no la sociedad, los miedos o los complejos. Es Dios el que nos hizo y Él mismo nos define.

Separa un momento para escuchar la voz de Dios en tu corazón, y deja que sea Él quien te afirme, te sane, te levante y te llene de esperanza, fe, ilusión, amor y vida. Aun en los momentos difíciles, veremos la gloria de Dios sorprendernos con una paz que no comprendemos, amigos maravillosos que nos aprecian y una fe renovada cada día.

Aprecia lo que observas, lo que palpas, lo que piensas, lo que sientes, valora a quien tienes cerca, ama a Dios con todo tu corazón y déjate amar por los que tienes cerca.

La autoimagen está determinada por la forma en la que nos vemos a nosotros mismos y cómo nos percibimos emocional y mentalmente. Esto incluye no solo cómo nos vemos físicamente, sino también es la suma de nuestras emociones, pensamientos y todo lo que conforma nuestro ser interior.

Todos debemos tener un examen interno constante para reparar el espejo roto que muchas veces tenemos. Hay personas que desean desaparecer porque no les agrada lo que ven en el espejo, pero esa imagen es definida por los cánones sociales, por la familia en la que crecimos, la influencia de los amigos, el sistema educativo y nuestras creencias espirituales.

- ¿Cuál es la imagen que tienes de ti mismo?

- ¿Te aceptas?

- ¿Te agrada?

- ¿Con qué luchas?

- ¿Qué crees que los demás piensan de ti?

- ¿Hay algo qué reparar?

- ¿Cómo repararlo?

- ¿A quién admiras?

Todas estas preguntas nos pueden ayudar a encontrarnos con nosotros mismos. Job, por ejemplo, ante el juicio de sus amigos deseaba morir, tenía preguntas existenciales difíciles de responder, pero mantuvo su fe en Dios y una comunicación abierta con Él, lo que le permitió reconocer que se había equivocado al juzgar a Dios y su propia vida. Pero cuando su corazón es enseñado por Dios pudo expresar una de las declaraciones más extraordinarias que se puedan leer.

Job respondió entonces al Señor. Le dijo: «Yo sé bien que tú lo puedes todo, que no es posible frustrar ninguno de tus planes. "¿Quién es este —has preguntado—, que sin conocimiento oscurece mi consejo?" *Reconozco que he hablado de cosas que no alcanzo a comprender, de cosas demasiado maravillosas que me son desconocidas. » Dijiste: "Ahora escúchame, yo voy a hablar; yo te cuestionaré, y tú me responderás".* **De oídas había oído hablar de ti, pero ahora te veo con mis propios ojos.** *Por tanto, me retracto de lo que he dicho, y me arrepiento en polvo y ceniza»* (Job 42: 1-6).

Job fue una persona bendecida por Dios, lo tenía todo y en abundancia. Tenía una excelente relación con Dios, tenía una hermosa familia y era muy rico. El bien de su familia era su prioridad, era una gran persona: buen esposo, buen amigo y un gran padre. Pero de repente, lo pierde todo y solo le queda su esposa, y lo único que hace es mortificarlo para que niegue a Dios y se muera. Junto a ella están sus amigos, que lo juzgan y lo condenan con sus palabras.

Pero su corazón permanece firme en Dios y nunca lo niega, aunque lucha en su diálogo interno, desea morir y se pregunta la razón de por qué le ocurre lo que vive. Su fe está viva y su confianza en Dios crece; es lo que lo lleva a ser bendecido más de lo que había podido imaginar.

El Señor bendijo más los últimos años de Job que los primeros, pues llegó a tener catorce mil ovejas, seis mil camellos, mil yuntas de bueyes y mil asnas. Tuvo también catorce hijos y tres hijas. A la primera de ellas le puso por nombre Paloma, a la segunda la llamó Canela, y a la tercera, Linda. No había en todo el país mujeres tan bellas como las hijas de Job. Su padre les dejó una herencia, lo mismo que a sus hermanos. Después de estos sucesos Job vivió ciento cuarenta años. Llegó a ver a sus hijos, y a los hijos de sus hijos, hasta la cuarta generación. Disfrutó de una larga vida y murió en plena ancianidad" (Job 42: 12-17).

Job nos enseña el camino para superar las crisis existenciales que todos tenemos, nos muestra el camino para mantener la confianza en Dios, la firmeza necesaria para no dejar que sean los demás los que nos definan. Nos indica cómo mantener la mirada en Dios a pesar de las dudas y los momentos difíciles. Al final de la historia, Dios siempre nos va a sorprender más de lo que imaginamos.

Las decisiones que tomemos están influenciadas directamente por la autoimagen que tengamos. Por eso es importante que poseamos una forma saludable de procesar la información que recibimos sobre nosotros mismos. No solo esto, sino que nuestras emociones están directamente ligadas a la autoimagen que tengamos. Por eso es necesario que sanemos las heridas del camino para tener salud física y emocional.

Es necesario que en casa midamos bien lo que hablamos al dirigirnos a nuestros hijos, porque un elemento fundamental en la construcción de nuestra autoimagen lo integran los comentarios que hemos escuchado de nosotros por parte de las personas más importantes como lo son nuestros familiares. Cada palabra es registrada emocionalmente de tal forma que construye nuestra autoimagen.

Los comentarios de los padres son determinantes en la vida de un niño. Por eso, todos los días debemos tener palabras de afirmación y aceptación para nuestros hijos. No significa esto que vamos a sobrevalorar a nuestros hijos o los vamos a engañar con calificativos que no son ciertos. Cada palabra debe surgir de una valoración objetiva y cierta para que tenga un impacto positivo, porque cada uno debe tener un concepto correcto de sí mismo. Hemos sido llamados a servirnos mutuamente, igual como Cristo vino a servir a la humanidad. Como nos lo indica Pablo:

"Por la gracia que se me ha dado, les digo a todos ustedes: Nadie tenga un concepto de sí más alto que el que debe tener, sino más bien piense de sí mismo con moderación, según la medida de fe que Dios le haya dado" (Romanos 12: 3).

Todos debemos aprender a hablar bien de nosotros mismos y de los demás. Porque cada palabra ayuda a formar la fotografía que tenemos de nosotros, y cada uno ayuda a los demás a construir su propia imagen. Cuando daño a los demás, lo único que evidencio es que mi propia autoimagen está lastimada.

Esa fotografía interna que todos tenemos debe ser lo más auténtica, real y conforme a los designios de Dios. Pero si en el camino ha sido lastimada, debe ser reparada para poder desarrollar el potencial interno, vivir en paz con los demás y alcanzar un alto nivel de satisfacción y realización. Todos tenemos derecho a ser felices, siendo la persona que somos.

¿Qué cambia la autoimagen que tengo, si nací a la imagen de Dios, que es perfecta?

Adán y Eva tenían una perfecta relación con Dios, una comunión entrañable y un diálogo cercano. Eran guiados directamente por Dios, y las instrucciones de cómo vivir estaban claras. Pero el pecado original produjo vergüenza, y quisieron ocultarse de Dios. Se culparon el uno al otro, ya no eran responsables de sus actos, y experimentaron temor a ser descubiertos. La imagen que tenían de ellos cambió. Ninguno de ellos era ya la persona que camina libre, con la conciencia tranquila, con buenos deseos, y ocupado en administrar todo conforme a los planes de Dios. Cada cual había sido engañado en la percepción de sí mismo. Entraron deseos engañosos y sustituyeron la esencia de lo que eran en Dios, por anhelar lo que no tenían. Habían sido heridos en su amor propio, en su imagen interna, y ahora experimentaban el fruto de su error.

Habían pecado y se encontraban destituidos de la comunión con Dios, que era lo que les permitía verse como personas aceptadas, amadas y apreciadas. Ahora tenían que enfrentar la vida desde otra perspectiva. Antes solo tenían un espejo, y era verse en los ojos de Dios. Ahora tenían una conciencia lastimada, una mirada distorsionada, y se sentían mal con ellos mismos. La culpa los tomó, la mentira los envolvió y el miedo los subyugó.

Lo mejor de todo es que Dios diseñó un plan para redimir la humanidad. Seguiría siendo una vasija de barro, pero sería llena de la esencia misma de Dios por medio de su Espíritu Santo, quien nos conduce a toda verdad, y nos revela lo que realmente somos; aceptos en el Amado y perdonados de nuestras culpas.

Lo que determina cómo nos observamos a nosotros mismos depende del espejo en el que elijamos vernos. Depende de la persona que nos hable, la música que escuchemos, las películas que observemos, los amigos que nos influencien, el ambiente familiar en el que vivamos y sobre todo, el diálogo interno que tengamos. Por eso, Pablo nos aconseja que elijamos sabiamente lo que pensamos, porque esto determina nuestra conducta y cómo nos sentimos. Debo renovar el espíritu de mi mente para no dejarme atrapar por el pensamiento equivocado que produce sentimientos de descalificación.

Capítulo 12

DIOS SANA LA IDENTIDAD HERIDA DE MOISÉS

Es Dios quien define nuestra identidad al crearnos a su imagen. Así mismo sana nuestra identidad y recuperamos nuestra autoimagen cuando nos volvemos a Él. Uno de los mejores ejemplos es la obra restauradora de Dios en la identidad y la imagen propia de Moisés.

Dios salvó a Moisés de las aguas, porque fue amado por su madre, creció como príncipe de Egipto, pero su corazón estaba dividido porque amaba a su pueblo. Fue criado en palacio, con la educación de un príncipe y seguro que muchas de las jóvenes del palacio lo pretendían. Pero Moisés no pertenecía a Egipto, él amaba a su pueblo, Israel. Todo le recordaba sus orígenes. El color de su piel, su contextura física y había sido educado de niño por mandato de la princesa, por su propia madre biológica (ver Éxodo 2).

Pero un día cambia su historia porque Dios tenía otros planes con él. Fue el amor a su pueblo lo que lo lleva a asesinar a un egipcio por accidente y esto lo llena de temor, por lo tanto, termina escapando de la mano del Faraón. Moisés corre para salvar su vida, pero esto hace crecer su crisis existencial: ¿Quién es, un hebreo o un egipcio? Los israelitas lo rechazan por vivir como los egipcios. Y los egipcios lo rechazan por ser hijo de una esclava. No es un sirviente, no es un esclavo y no es un egipcio, aunque crece con los beneficios de un príncipe egipcio. Su corazón está dividido y se manifiesta cuando trata de separar a dos judíos que peleaban y uno de ellos lo confronta con lo que había hecho con el egipcio que mató. Esto lo llena de temor y le acrecienta su crisis: ¿Quién soy?, ¿A dónde voy?, ¿Por qué existo? Son las mismas preguntas que todos nos hemos hecho en algún momento.

En su huida llega a tierras de Madián y ahí se encuentra con Séfora y sus hermanas. A esta altura Moisés tenía 40 años, y vive un momento muy doloroso para él. Sale de la zona de confort que tenía en Egipto y se aleja de su pueblo, al que tanto amaba. Hoy se siente extranjero en un pueblo con costumbres diferentes. En esta realidad Séfora llega a amar a la persona de Moisés, no al príncipe, no al noble de joyas, de posición o riqueza. Séfora ama la esencia de lo que es Moisés y esto es sanador porque puede ser él. Igual Moisés llega a amar a Séfora por lo que es y lo que significa su familia. Moisés nunca había vivido con una familia como en este momento, y por eso creo que en lugar de buscar su independencia, prefiere vivir el calor de un hogar en medio de una familia que lo afirma y lo ama como es.

Moisés había sido abandonado por su madre. Creció en un palacio rodeado de personas, se sentía diferente porque no era egipcio y se sabía israelita en su esencia. Para ese momento en Egipto, Moisés tiene una identidad en construcción y con mil preguntas sin respuestas. Al llegar a Madián nuevamente se siente extranjero, y creo que por esta razón cuando nace su hijo lo llama Gerson que significa "forastero". Esto nos revela cómo se sentía Moisés en Madián durante los 40 años que vivió ahí. Simplemente Moisés era un forastero, es decir, alguien que desea regresar a su pueblo.

En estos 40 años trabajó para su suegro y vivió junto a la familia de su esposa. El ambiente era cómodo y Dios lo había llevado a una gran familia, donde por causa del amor y la aceptación, encuentra valor y experimenta seguridad y confianza. Su identidad comienza a ser sanada y restaurada, pero su corazón sabe que hay algo más.

Esta misma realidad la viven muchos extranjeros cuando emigran a otra ciudad o a otro país. No es fácil, cuando el idioma es diferente, la cultura es otra, y la diferencia racial produce discriminación. Por ejemplo, Séfora no fue aceptada entre el pueblo de Israel porque era de tez morena y era de Madián.

Nuestra identidad viene de Dios. La Biblia nos recuerda que somos aceptos en el Amado, y ahora somos parte de un pueblo en el cual ya no hay diferencia por el sexo, color de la piel, nacionalidad o costumbres. Tal y como lo expone Pablo: *"para alabanza de la gloria de su gracia, con la cual nos hizo aceptos en el Amado"* (Efesios 1:6 RVR1995).

Es doloroso sentirse rechazado y ocurre muchas veces. Es aquí donde hemos visto el caso de niños que desean cambiarse de nombre para que suene más al idioma dominante del país donde ahora viven. O bien, niños que se bañan y se bañan con el deseo de que el color de su piel cambie. Es cuando hemos visto personas que desean desaparecer para no sentir el dolor que produce el rechazo, la burla y el menosprecio de los que les rodean. ¿Cómo ayudamos a nuestros hijos para adaptarse a una nueva cultura y así proteger su identidad? Debemos comenzar por nosotros mismos, amando la persona que somos y los orígenes que nos identifican. Hagamos que nuestros hijos se sientan orgullosos de sus raíces y aprecien la riqueza cultural de su país de origen. Es importante que ellos aprendan a tratar con la burla, el rechazo o el menosprecio. A pesar de las circunstancias, nuestro hijo tiene derecho a brillar siendo quien es. Pero esto es un proceso y primero lo debemos vivir nosotros.

Séfora fue una gran mujer que le dio a Moisés familia, la familia que no había tenido. Compartió con él a sus padres y a sus hermanos. Compartieron el negocio de la familia y trabajaron juntos. Al fin Moisés tuvo un padre que lo recibió, lo amó y lo aconsejó en los momentos cruciales. Esto se lo dio Dios por haberse casado con Séfora. Dios utilizó a Séfora para afirmar y acompañar a Moisés en la segunda etapa de su vida. Ahora tenía 40 años, estaba lejos de su pueblo y ha de haber experimentado un sentimiento de frustración terrible, porque él amaba a su pueblo y tenía la ilusión de ayudarlo. Pero Moisés también tenía una crisis existencial enorme.

Séfora fue una gran mujer al lado de Moisés y uno de los instrumentos que Dios utilizó para sanar su corazón herido por el rechazo, los complejos y los temores que le inundaban. Es Séfora quien le ayuda a circuncidar a su hijo Gerson porque fue sensible a la presencia del Señor (ver Éxodo 4: 24-26). Todos necesitamos el respaldo y la ayuda de personas buenas a nuestro lado para que nos extiendan una mano cuando no sepamos cómo lidiar con los sentimientos de rechazo, o no sepamos cómo actuar en los momentos cruciales. Pero sobre todo, para sanar nuestra imagen herida.

Nos percibimos a nosotros mismos a partir de lo que los demás nos proyecten. Si nos dan aceptación, respeto y admiración, nos es fácil amarnos y enfrentar los retos que vivimos. Pero si nos rechazan al nacer, nos discriminan por nuestra estatura, color de piel, nacionalidad o por los errores cometidos, nos sentimos inadecuados, incapaces, inseguros y con una identidad en crisis. Por eso, Dios envía ángeles a nuestro lado para que nos ayuden en el proceso de sanar la imagen herida con la que tenemos que lidiar en diferentes momentos de la vida.

En el caso de Moisés, él tuvo a su esposa y a su familia. Por ejemplo, en Éxodo 18 cuando el suegro de Moisés lo visita en el desierto, le trae a su esposa y a sus hijos y viven un momento donde su suegro lo aconseja. Es cuando se nota el nivel de influencia que tenía Jetro en Moisés, producto de que por 40 años lo amó y lo hizo parte de su familia.

Miriam y Aarón hablan en contra de Moisés por causa de que se había casado con una extranjera (ver Números 12:1). Son expresiones como estas las que nos lastiman, porque tocan a las personas que amamos, o bien, juzgan con rudeza las decisiones que tomamos. Moisés sabía lo que significaba sentirse rechazado, porque lo experimentó muchas veces en Egipto, cuando le recordaban que no era un egipcio aunque viviera en palacio. Pero a la misma vez, lo experimentó cuando pretendiendo hacer las paces entre sus hermanos, le recuerdan el error que cometió al asesinar a un soldado egipcio. La sociedad es cruel, porque nos mide de acuerdo a sus normas, y nos juzga con rudeza para descalificarnos. Y este dolor es más fuerte cuando lo producen personas muy cercanas. En el caso de Moisés es su propio hermano el que murmura contra su esposa y contra él.

Cuando Moisés libró al hebreo del egipcio, sin duda, no tenía para este tiempo la menor idea de la forma en la que Dios lo utilizaría en el futuro para liberar a su pueblo de la opresión del imperio egipcio. Ante el temor de ser juzgado por el Faraón, a sus 40 años huye a una tierra lejana y desconocida. Es ahí donde Dios lo sigue formando y puliendo para el momento en que le corresponda liberar al pueblo de la opresión. Dios pule su carácter y sana su autoimagen.

Dios se revela a Moisés

Es en Éxodo 3 cuando Moisés es llamado por Dios para cumplir la misión de liberar al pueblo de Israel. Ahora Dios personalmente sana el corazón de Moisés, afirma su identidad, trata con sus temores y lo escucha para afirmarlo.

Todos necesitamos vivir este momento de encuentro con Dios, para poder vernos en el espejo correcto, el que proyecta la verdadera imagen de nosotros mismos, esa con la que Dios nos formó, la que nos permite superar los miedos, enfrentar desafíos extremos y poner un escudo que nos proteja del rechazo de los demás. Necesitamos encontrarnos con Dios para sanar lo que hemos vivido en la infancia y la adolescencia. Es en el secreto con Él donde nuestros miedos son superados y nuestros complejos son confrontados.

La imagen que tenemos de nosotros se forma conforme vamos creciendo en tanto las personas nos aceptan o nos rechazan. Moisés había experimentado la esclavitud de su pueblo, y el tener que crecer en palacio sabiendo que era parte de los esclavos. No crece con una familia que lo forme, lo acepte y le dé identidad. De repente, tiene que correr con temor a perder su vida y debe habitar con otro pueblo y vivir como extranjero. Su sentimiento se expresa al llamar a su primer hijo Gerson, que quiere decir "soy extranjero en tierra extraña". *"Moisés convino en quedarse a vivir en casa de aquel hombre, quien le dio por esposa a su hijas Séfora. Ella tuvo un hijo, y Moisés le puso por nombre, Gerson, pues razonó: "Soy un extranjero en tierra extraña"* (Éxodo 2: 21- 22).

Es cuando nos encontramos con Dios cuando Él sana nuestra identidad y somos restaurados en la imagen que tenemos de nosotros mismos. Mientras crecemos nos vamos llenando de complejos y temores, pero también vivimos rechazo y tenemos que enfrentar retos que no comprendemos. Como en el caso de Moisés, que tuvo que huir lejos de Egipto por el temor a ser encontrado por el Faraón.

Analicemos la historia de Moisés y dejemos que sea la Biblia la que nos dirija en la experiencia de Moisés, porque en ella nos vamos a encontrar a nosotros mismos. Leeremos en Éxodo 3 y 4 la experiencia que tuvo Moisés con Dios y la forma en la que su vida es sana, su autoimagen es restaurada y se ve afirmado para cumplir la misión que Dios le está encomendando. Ya no será la misma persona. Ahora está listo para la gran misión de dirigir al pueblo de Dios a la tierra prometida. No será una tarea fácil, porque debe enfrentar la furia del Faraón y la rebeldía de su propio pueblo. Pero Moisés está preparado para ese momento porque Dios sanó su corazón.

> *Un día en que Moisés estaba cuidando el rebaño de Jetro, su suegro, que era sacerdote de Madián, llevó las ovejas hasta el otro extremo del desierto y llegó a Horeb, la montaña de Dios. Estando allí, el ángel del SEÑOR se le apareció entre las llamas de una zarza ardiente. Moisés notó que la zarza estaba envuelta en llamas, pero que no se consumía, así que pensó: «¡Qué increíble! Voy a ver por qué no se consume la zarza». Cuando el SEÑOR vio que Moisés se acercaba a mirar, lo llamó desde la zarza: — ¡Moisés, Moisés! —Aquí me tienes —respondió. —No te acerques más —le dijo Dios—. Quítate las sandalias, porque estás pisando tierra santa. Yo soy el Dios de tu padre. Soy el Dios de Abraham, de Isaac y de Jacob"* (Éxodo 3: 1-6).

Dios llama a Moisés por su nombre. Significa que somos conocidos por nuestro nombre y somos conocidos por Dios mejor de lo que nosotros mismos nos conocemos. Es Dios quien nos dio la vida, nos puso en el contexto correcto, con la familia indicada, y sabía que enfrentaríamos lo que hemos vivido. A Él no se le ha escapado ningún detalle y conoce el tiempo perfecto para nosotros. Dios no se adelanta y no llega tarde a nuestra vida. Dios siempre llega en el momento oportuno. Y todo este tiempo estuvo formando el carácter y la personalidad de Moisés. Dios no se ha equivocado con nosotros, nos ha formado a su imagen, con detalles maravillosos que son para su gloria y honra.

Al oír esto, Moisés se cubrió el rostro, pues tuvo miedo de mirar a Dios. Pero el SEÑOR siguió diciendo: —Ciertamente he visto la opresión que sufre mi pueblo en Egipto. Los he escuchado quejarse de sus capataces, y conozco bien sus penurias. Así que he descendido para librarlos del poder de los egipcios y sacarlos de ese país, para llevarlos a una tierra buena y espaciosa, tierra donde abundan la leche y la miel. Me refiero al país de los cananeos, hititas, amorreos, ferezeos, heveos y jebuseos. Han llegado a mis oídos los gritos desesperados de los israelitas, y he visto también cómo los oprimen los egipcios. Así que disponte a partir. Voy a enviarte al faraón para que saques de Egipto a los israelitas, que son mi pueblo" (Éxodo 3: 6-10).

> **TODOS TENEMOS UNA MISIÓN QUE CUMPLIR EN LA TIERRA, Y DIOS LA REVELA EN EL TIEMPO CORRECTO.**

Todos tenemos una misión que cumplir en la tierra, y Dios la revela en el tiempo correcto. Esto le ocurre a Moisés a sus 80 años. Este llamado era evidente en Moisés porque siempre se identificó con su pueblo y sintió el dolor que vivía su pueblo, pero es hasta en este momento donde está listo para ser un instrumento útil en las manos de Dios. La pregunta que surge es, ¿qué ocurrió antes de este día? Se estaba formando el carácter de un líder humilde y capaz de escuchar la voz de Dios. Por eso lo puso a cuidar ovejas por 40 años en el desierto, lo preparó en las mejores universidades de Egipto, y también le permitió identificarse con su pueblo a partir con un profundo amor. No era egoísta, no pensó en las riquezas que podía tener viviendo como príncipe. Definitivamente Dios estaba preparando a un líder capaz de resistir las presiones más fuertes.

Es cierto que vivió siendo incomprendido, pero ahora su corazón estaba listo para servir como un siervo a Dios. No significa que no experimentara miedo, o no tuviera complejos, pero para eso Dios se estaba revelando personalmente, para sanar su identidad, afirmarlo y garantizarle que lo acompañaría siempre. Todos necesitamos estos momentos íntimos como el que estaba viviendo Moisés para ser sanados en nuestra autoimagen, y solo ocurre cuando nos vemos en el espejo correcto.

A partir de este momento Moisés abre su corazón a Dios y expresa cómo se ve, cómo se siente y busca la afirmación necesaria para cumplir la misión que Dios le está encomendando.

Pero Moisés le dijo a Dios: — ¿Y quién soy yo para presentarme ante el faraón y sacar de Egipto a los israelitas? (Éxodo 3: 11)

Esta es la pregunta existencial más importante que todos nos hacemos: ¿Quién soy yo? Inmediatamente viene a su memoria todo lo que ha vivido. Nace de una esclava, es abandonado en el río. Es llevado al palacio y vive como príncipe sin serlo y cuando trata de identificarse con su pueblo experimenta rechazo. Termina escapando a tierras lejanas por temor, y ahora vive como extranjero y sintiendo añoranza por lo que tenía.

La pregunta de validación: "¿Quién soy yo?". Ahora solo soy el pastor de las ovejas de mi suegro. ¿Quién define lo que soy? Lo define el espejo en el que me observe, la voz que escuche, las experiencias que viva y lo que llegue a creer en mi corazón.

—Yo estaré contigo —le respondió Dios—. Y te voy a dar una señal de que soy yo quien te envía: Cuando hayas sacado de Egipto a mi pueblo, todos ustedes me rendirán culto en esta montaña (Éxodo 3: 12).

Dios responde a Moisés con ternura, aceptación, amor y de forma redentora. Le dice que su valor se lo da Él mismo y comienza a afirmar con señales que le indican lo que llegará a hacer, a dónde irá y cómo lo hará. *"-Yo estaré contigo –le respondió Dios-. "Y te voy a dar una señal de que soy yo quien te envía."* Nada es más sanador que estar en las manos de Dios. Fue Él quien nos formó en el vientre de nuestra madre, quien diseñó el plan de lo que viviríamos y contó los días de nuestra existencia. Nada es más sanador que mirarnos en sus ojos, los que revelan la imagen correcta que debemos tener de nosotros mismos. Él no nos rechaza, no nos acusa, no nos descalifica, y no nos ofende. Nos restaura, nos sana, nos empodera, nos afirma, nos comisiona y nos envía a cumplir con valentía lo que nos ha delegado hacer.

Pero Moisés insistió: —Supongamos que me presento ante los israelitas y les digo: "El Dios de sus antepasados me ha enviado a ustedes". ¿Qué les respondo si me preguntan: "¿Y cómo se llama?" (Éxodo 3: 13).

Cada pregunta de Moisés solo evidencia su inseguridad, su temor, su miedo y busca ser afirmado en su identidad, su amor propio, en su autoimagen y necesita aumentar la seguridad que todos necesitamos para llevar a buen puerto lo que Dios ha puesto en nuestras manos. ¿Quién me envía, en nombre de quién voy? Esto también define lo que somos. Porque necesitamos tener una autoimagen bien fundamentada, y lo logramos al conocer nuestro origen y quién es el que nos está enviando hacer lo que estamos haciendo. Nada es más alentador que saber que lo que hacemos es comisionado por Dios mismo.

—Yo soy el que soy —respondió Dios a Moisés—. Y esto es lo que tienes que decirles a los israelitas: "Yo soy me ha enviado a ustedes" (Éxodo 3: 14).

Dios responde de forma clara, sencilla y contundente. Somos enviados a este mundo a enfrentar la vida por orden del gran "YO SOY". Es Él el que nos ha enviado a cumplir la misión de vida. Es Dios mismo el que nos ha formado con todas las características que nos identifican. En

> SOMOS OBRA DE SUS MANOS Y TENEMOS TODO LO NECESARIO PARA CUMPLIR LA MISIÓN QUE NOS HAN ENCOMENDADO.

donde nada sobra y nada falta. Somos obra de sus manos y tenemos todo lo necesario para cumplir la misión que nos han encomendado. Por eso nos envía a caminar seguros, confiados, con el rostro en alto y con la certeza de que somos enviados por Dios a este mundo a cumplir la misión de bendecir, animar y afirmar. Es decir, a tratar a los demás como Él nos ha tratado a nosotros.

Solo un corazón que ha experimentado sanidad en su autoimagen, perdón por los errores cometidos, y es aceptado tal cual es, puede tratar a otros con el mismo amor y respeto que ha experimentado. Una tendencia humana es tratar a otros como hemos sido tratados. Por eso, cuando experimentamos rechazo, tendemos a rechazar, y cuando nos han gritado, tendemos a gritar. Pero cuando hemos sido amados, aceptados y somos afirmados, tendemos a hacer lo mismo con los que tenemos cerca.

> *Además, Dios le dijo a Moisés: —Diles esto a los israelitas: "El* Señor, *el Dios de sus antepasados, el Dios de Abraham, de Isaac y de Jacob, me ha enviado a ustedes. Este es mi nombre eterno; este es mi nombre por todas las generaciones". Y tú, anda y reúne a los ancianos de Israel, y diles: "El* Señor, *el Dios de sus antepasados, el Dios de Abraham, de Isaac y de Jacob, se me apareció y me dijo: 'Yo he estado pendiente de ustedes. He visto cómo los han maltratado en Egipto'"* (Éxodo 3: 15- 16).

Estamos aquí como expresión del amor de Dios a los que creyeron en el pasado como Abraham, y somos parte de la respuesta de Dios a la generación presente. Es maravilloso ver que Dios nos presenta como parte de su linaje, del pueblo que Él eligió y formó. Somos parte de la respuesta de Dios para nuestra generación.

Dios le dice a Moisés que le indique al pueblo que Él se le apareció y le dio instrucciones específicas. Lo más extraordinario que podemos vivir en la vida es que Dios se nos aparezca y nos muestre el camino, sane nuestra identidad herida y nos permita descubrir quiénes somos en Él. Nuestro valor lo encontramos en Él y solo en Él. No hay forma de tener una identidad sana, fuerte y preparada para enfrentar el viaje de la vida con acierto, si Dios no es revelado a nuestro corazón, porque fuera de Él no somos nada, sino producto de los errores sociales. Pero es Dios quien se revela a nosotros y nos recuerda quiénes somos y que valemos porque estamos en Él.

Dios le indica a Moisés que Él ha estado pendiente de los israelitas y esto es poderoso, porque nos está señalando que nos conoce, que está cerca, que conoce lo más íntimo que vivimos, aun conoce hasta cuántos cabellos tenemos. Esto nos pone en el escenario correcto, porque no vamos solos. Dios es el productor de nuestra historia. Conoce el contexto de dónde venimos, nuestros padres, las palabras que nos han dicho, los temores que experimentamos, las fortalezas que tenemos, los anhelos que nos inspiran y el propósito para el cual hemos nacido. No estamos caminando a ciegas o dependiendo de la suerte. Nuestras vidas están en las manos de Dios y eso provee seguridad y confianza.

Por eso me propongo sacarlos de su opresión en Egipto y llevarlos al país de los cananeos, hititas, amorreos, ferezeos, heveos y jebuseos. ¡Es una tierra donde abundan la leche y la miel! (Éxodo 3: 17).

Así que no solo somos conocidos por Dios, sino que también ha preparado un destino al cual llegaremos, un camino que debemos recorrer, una senda por conquistar y esa es la senda que debemos recorrer. Moisés pensó que todo se había terminado cuando vio que pasaban los años y que seguía siendo pastor de ovejas y experimentaba culpa por lo ocurrido en Egipto. Estos miedos del pasado y el juicio de los demás nos detienen y distorsionan la imagen que tenemos de nosotros mismos. Pero Dios nos sorprende cuando nos dice que tiene otro destino para nosotros y que ha llegado el tiempo de que sea revelado para que recorramos el camino por el cual debemos andar.

Es tiempo de que comprendamos que es tiempo de caminar por una senda diferente, y debemos dirigirnos al destino que Dios ha preparado para nosotros. Pero solo lograremos caminar con dignidad y esa dirección, cuando nuestra identidad sea restaurada.

Moisés volvió a preguntar: — ¿Y qué hago si no me creen ni me hacen caso? ¿Qué hago si me dicen: "El Señor no se te ha aparecido"? (Éxodo 4: 1)

Aun cuando estemos experimentando momentos maravillosos con Dios y estemos contemplando su gloria, tenemos duda y sentimos miedo. Hasta podríamos quedar paralizados porque sentimos que lo que Dios nos está pidiendo que hagamos es demasiado grande para nosotros.

El problema no es que el reto es demasiado grande, es que nos vemos demasiado pequeños, porque sentimos que hemos recorrido un largo trecho donde hemos sido heridos, experimentado rechazo y en algunas ocasiones hemos vivido abuso y abandono. Podríamos pensar que somos muy jóvenes o muy viejos, o que somos muy pobres o que no hemos recibido la educación adecuada para el desafío de ser lo que Dios dice que somos. Pero no es malo expresar a Dios nuestras dudas, porque no nos rechaza o recrimina. Él ha aparecido para sanarnos, afirmarnos y enviarnos a conquistar lo que lleva nuestro nombre.

— ¿Qué tienes en la mano? —preguntó el Señor. —Una vara —respondió Moisés… (Éxodo 4: 2).

Dios pregunta a Moisés por lo que tiene en la mano. Moisés le responde que una vara. Es fascinante ver que Dios utiliza lo que tenemos, no lo que no tenemos. Utiliza nuestros dones, no los que admiramos en otros. Utiliza nuestra inteligencia, nuestro cuerpo, nuestra experiencia y nuestras limitaciones. Dios le permite a Moisés que viva la experiencia de poner en sus manos lo que es y lo que tiene, y es cuando Él sana su corazón, sus emociones y su identidad.

Cuando ponemos en las manos de Dios lo que somos y lo que tenemos, somos sorprendidos por Él porque al sanarnos, nos permite ver la imagen correcta de lo que somos y la forma en la que Él nos contempla. Todo lo determina el espejo en el que elijamos vernos. Me sorprende pensar todo lo que Dios puede hacer con nosotros cuando le permitimos sanar nuestras emociones heridas.

La intención de Dios con Moisés no es hacer magia con la vara, porque sería inclinar a las personas hacia la idolatría. El propósito de Dios es afirmar a Moisés para que ponga en sus manos lo que tiene. Este es un acto de desprendimiento, de humildad y de entrega.

Es la misma escena que vive Jesús cuando multiplica los panes y los peces. Hubo un joven que renunció a sus alimentos y pudo contemplar un milagro. Parecía un poco injusto quitarle de un joven su alimento, pero él estuvo dispuesto a entregarlo y es lo que Dios espera de nosotros. Nunca Dios nos preguntará por lo que no tenemos o por lo que no somos. Nos invita a que le entreguemos nuestra vara y Él hará el milagro. Esta historia es narrada en el Evangelio de Juan 6: 1-15.

Es lo mismo que vivió David en su juventud frente al gigante Goliat. El rey Saúl quiso que fuera vestido con las armaduras de un soldado experimentado para pelear con un guerrero experto. Pero David no es un soldado, y no está preparado para batallas con armas de guerra. David sabe cuidar ovejas y pelear con leones y osos. Es difícil ser alguien diferente a la persona que somos, y pretender enfrentar la vida con las armas equivocadas. Pero la sociedad muchas veces quiere imponernos que seamos quien no podemos ser. En medio de esta presión, David se arma de valentía y decide ser él mismo. Con valentía y humildad reconoce que el traje que le han puesto más bien lo detiene y lo limita.

Cuando queremos ser quien no somos nos vemos ridículos y torpes. Por eso, Dios quiere revelarnos la verdadera imagen de nosotros mismos, lo que realmente somos, y la imagen correcta que tenemos ante Él.

Dios sigue preguntando: "¿Qué tienes en tu mano?", porque eso es suficiente para hacer milagros, derribar muros, conquistar montañas, dividir el mar en dos, y hacer que de una roca brote agua. Dios siempre nos va a sorprender más de lo que podemos imaginar. Lo más grandioso es que no nos pide que seamos iguales a los demás. Dios nos invita a ser originales, tal cual somos, sin apariencias ni máscaras. La sociedad nos mide por nuestra apariencia, y Dios nos afirma por lo que somos en esencia.

—Déjala caer al suelo —ordenó el SEÑOR. Moisés la dejó caer al suelo, y la vara se convirtió en una serpiente. Moisés trató de huir de ella, pero el SEÑOR le mandó que la agarrara por la cola. En cuanto Moisés agarró la serpiente, esta se convirtió en una vara en sus propias manos. —Esto es para que crean que yo el SEÑOR, el Dios de sus padres, Dios de Abraham, de Isaac y de Jacob, me he aparecido a ti. Y ahora —ordenó el SEÑOR—, ¡llévate la mano al pecho! Moisés se llevó la mano al pecho y, cuando la sacó, la tenía toda cubierta de lepra y blanca como la nieve. — ¡Llévatela otra vez al pecho! —insistió el SEÑOR. Moisés se llevó de nuevo la mano al pecho y, cuando la sacó, la tenía tan sana como el resto de su cuerpo. —Si con la primera señal milagrosa no te creen ni te hacen caso —dijo el SEÑOR—, tal vez te crean con la segunda. Pero, si no te creen ni te hacen caso después de estas dos

señales, toma agua del Nilo y derrámala en el suelo. En cuanto el agua del río toque el suelo, se convertirá en sangre. —SEÑOR, yo nunca me he distinguido por mi facilidad de palabra —objetó Moisés—. Y esto no es algo que haya comenzado ayer ni anteayer, ni hoy que te diriges a este servidor tuyo. Francamente, me cuesta mucho trabajo hablar" (Éxodo 4: 3-10).

Moisés, aun viendo los milagros sorprendentes con su vara, su corazón sigue dudando y los temores aún lo dominan, por lo que Dios le permite ver un milagro al sanar su mano. Pero cuando las emociones están heridas, las preguntas existenciales siguen presentes, todo porque se sigue viendo en el espejo físico y el espejo físico nos va a mentir, porque distorsiona la imagen que proyecta.

Por lo tanto, Moisés hace una descripción de lo que le ocurre físicamente con su forma de hablar, y explica cómo se siente ante esta realidad. Se siente descalificado para hablar con el pueblo y con el Faraón. Dios envía a Moisés a liderar y eso implica gobernar, instruir, hablar y para eso siente que necesita ser hábil para comunicarse. En este momento saca el complejo que seguro creció con la burla de sus amigos, la descalificación que hizo de sí mismo al sentirse inadecuado al hablar. Dios siempre utiliza lo que nos acompleja, lo que nos da miedo y lo que los demás no logran apreciar. En Egipto se sentía diferente porque era hebreo. Esto mismo han vivido muchos niños cuando al llegar a la escuela se sienten diferentes por ser extranjeros, por tener un color de piel diferente al de sus compañeros, o por tener una discapacidad física.

Cualquier motivo puede ser razón suficiente para sentir que no estamos dotados con los dones necesarios para cumplir la misión que Dios nos ha encomendado. Creo que muchos hemos experimentado esta sensación cuando sentimos que otros son más capaces, más inteligentes o tienen una mejor posición social y económica. Es fácil sentirse menos o incapaz. Pero esto no impresiona a Dios porque Él fue quien nos formó en el vientre de nuestra madre y sabe cómo nos sentimos.

Si Él hubiera sentido que no tenías la capacidad para cumplir la misión, no te pone en la situación que te ha puesto y en el contexto histórico que vives. Si Dios te está hablando que hagas algo, ¡hazlo! Si te está diciendo que vayas, ¡ve! Si te dice que hables, ¡habla! Porque juntamente con el llamado, Él nos equipa, sana nuestra autoimagen y lo mejor de todo, nos conoce mejor que nadie. Dios no anda improvisando historias. Por eso, Dios le responde a Moisés y le da cátedra sobre la creación.

> — ¿Y quién le puso la boca al hombre? —le respondió el Se-
> ñor—. ¿Acaso no soy yo, el Señor, quien lo hace sordo o
> mudo, quien le da la vista o se la quita? Anda, ponte en mar-
> cha, que yo te ayudaré a hablar y te diré lo que debas decir"
> (Éxodo 4: 11- 12).

Es fascinante la forma en la que Dios sana nuestra imagen. Nos recuerda que Él es el creador de todo lo existente y que no se le ha escapado ninguno de los detalles que creemos que olvidó o está ignorando. Dios es el que pone y quita. Dios es el que da inteligencia, habilidades, dones, oportunidades, te ha entrenado todo este tiempo para el momento que vives. Por eso le ordena a Moisés que en lugar de llorar, se ponga en marcha y haga lo que le ha sido encomendado. Pero ante la pregunta "¿Cómo ocurrirá?", Dios responde que Él nos dirá en el camino lo que debemos decir y lo que debemos hacer. Es decir, en el camino lo iba a sanar o Él ya había diseñado la respuesta a la pregunta.

Lo que veo extraordinario es la sanidad que está produciendo en la imagen que Moisés tiene de él mismo. Este encuentro de Moisés con Dios ante la zarza es el momento más fascinante que él podía vivir. Todos sus temores estaban siendo sanados, estaba descubriendo una nueva definición de quién es él y estaba siendo sanado en su imagen propia. Nada podía cambiar este momento, porque antes de continuar su camino por la vida, Moisés tenía que encontrarse con Dios.

A partir de aquel día todo cambiaría en la vida de Moisés, nunca más sería la misma persona y todo porque se encontró con Dios y Él sanó su imagen propia. Encontró una nueva definición de quién es él en Dios. Ahora tiene una misión que cumplir, una asignación para los próximos años de su vida y Dios personalmente lo ha empoderado para que lo haga de la mejor forma. Se acabaron la excusas porque Dios lo sanó, le promete acompañarlo y estar con él siempre. Ahora no falta nada en la ecuación.

—Señor —insistió Moisés—, *te ruego que envíes a alguna otra persona" (Éxodo 4: 13).*

No es fácil dejar atrás los dolores emocionales causados por el abandono de un padre y una madre, y tener que crecer como un esclavo que tiene privilegios de príncipe. No solo eso, sino que ama al pueblo al que pertenece, pero ellos lo rechazan porque sienten que él no los comprende porque vive con los privilegios de los príncipes en palacio. Y en medio de este conflicto de privilegios y rechazo, comete un error que le genera culpa, miedo y le obliga a correr sin rumbo para salvar su vida.

No es fácil tener que correr a un lugar que no conoce y ahora tiene que vivir como extranjero en una tierra en la que no quiere estar, porque su corazón arde por el pueblo al que ama. ¿Por qué tiene que vivir con costumbres diferentes y lejos de la patria que extraña? ¿Quién es Moisés?, ¿cómo se define a sí mismo? Pero lo más importante, es cómo lo ve Dios y cómo él se ve a sí mismo.

> *Entonces el Señor ardió en ira contra Moisés y le dijo: — ¿Y qué hay de tu hermano Aarón, el levita? Yo sé que él es muy elocuente. Además, ya ha salido a tu encuentro, y cuando te vea se le alegrará el corazón. Tú hablarás con él y le pondrás las palabras en la boca; yo los ayudaré a hablar, a ti y a él, y les enseñaré lo que tienen que hacer. Él hablará por ti al pueblo, como si tú mismo le hablaras, y tú le hablarás a él por mí, como si le hablara yo mismo. Pero no te olvides de llevar contigo esta vara, porque con ella harás señales milagrosas (Éxodo 4:14-17).*

Es maravillosa la forma en la que Dios sana nuestras vidas, en medio de nuestra incredulidad, de nuestras dudas, de nuestros temores y de una identidad herida y distorsionada. Mientras nosotros luchamos con nuestros miedos y complejos, Dios dice que nuestra respuesta viene en camino. Lo más extraordinario es que nos dice: "Yo te ayudaré, te enseñaré lo que tienes que hacer y personalmente iré contigo. No te dejaré, ni te abandonaré, confirmaré todo lo que te he dicho y te guiaré paso a paso". No solamente nos acompaña, sino que ha enviado personas maravillosas para que caminen con nosotros, nos complementen, nos animen y nos ayuden.

Capítulo 13

EL CAMINO PARA DESCUBRIRTE

El comienzo

Somos el producto de nuestra historia: de las huellas que otros fueron dejando en nuestra vida mientras crecíamos, de los sueños que desde niños nos han inspirado, y del resultado de las decisiones que hemos ido tomando en el transcurso de la vida.

Cuando éramos niños, nos llevaban y traían, decidían por nosotros, y así se empezó a construir nuestra personalidad. Al crecer, tomamos nuestras decisiones y construimos nuestra vida, pero sin pensarlo y sin quererlo, comenzamos a tratar a los demás como fuimos tratados, nos comunicamos como se comunicaron con nosotros y encaramos la vida como nos enseñaron.

La forma en que fuimos criados determina cómo pensamos, cómo actuamos y hasta dónde llegaremos. Algunos recibieron alas y, siendo flechas, llegaron tan lejos como los lanzaron. A otros no les fue igual. Pero también, otros que no fueron aceptados o apreciados lograron sobreponerse y levantaron vuelo tan pronto se percataron de que la vida no puede depender de los demás, sino de cómo nos vemos a nosotros mismos. Algunos escriben historia y otros lo critican todo. Unos se atreven a soñar y otros contemplan sus limitaciones. Unos rompen los límites y otros permanecen atrapados. Unos lideran e inspiran, y otros se restringen y se limitan.

El pueblo judío, no superando las 15 millones de personas y habiendo experimentado persecución, sufrimiento y dispersión, han escrito una historia impresionante. Más de 800 personas u organizaciones han sido galardonadas con el Premio Nobel en diferentes áreas, como literatura, paz, química, física y medicina. Otros conducen la economía de muchos países poderosos y, sin importar si llegaron sin nada, terminaron dominando la banca y, hasta cierto punto, dirigiendo el destino de esos países. ¿Qué hace la diferencia? La forma en que los criaron, lo que les dijeron al crecer, pero también lo que creen y lo que los inspira. Nada ha podido distorsionar la imagen que Dios les ha dado. Los valores que han inspirado a Israel desde el principio siguen rigiendo el destino de esta nación.

Es crucial que logremos determinar qué identifica nuestra personalidad, cuál es nuestra inteligencia dominante y cuáles son las áreas que debemos superar, qué debemos desaprender y qué debemos fortalecer.

Personalidad y cualidades personales

Llegan lejos y viven plenamente los que se conocen mejor, se aceptan como son y se ocupan de adelantar los planes que los inspiran; aquellos que se concentran en sus fortalezas y aceptan sus limitaciones, que se enfocan en lo que les apasiona y sueltan lo que no hacen bien.

Mantienen un estándar alto en todo lo que hacen y no se permiten la mediocridad. Son personas responsables y tienen claro el destino que desean alcanzar.

A una persona emocionalmente saludable le es fácil alcanzar la realización, es feliz y tiene un círculo amplio de amigos. Los demás disfrutan su compañía y es fuente de inspiración para todos los que los rodean.

Pero un individuo resentido y herido, es inseguro, culpa a los demás y a las circunstancias por lo que le ocurre y solo vive recordando lo que le pasó, en lugar de pensar en lo que quiere lograr. Además, vive amargado, aleja a las personas de su lado y lastima con sus palabras.

¿Cómo me conozco mejor?

Hacernos algunas preguntas básicas nos ayudará a conocernos mejor, descubrir áreas que debemos superar y reconocer relaciones que sabemos que debemos restaurar.

Quien se conoce a sí mismo, se acepta y se concentra en desarrollar su potencial, vive en el camino de la excelencia, influencia positivamente a los demás y tiene sentido de propósito en la vida.

Responde las siguientes preguntas con:

Nunca / Pocas veces / A veces / Casi siempre

- ¿Puedo describirme fácilmente?

- ¿Identifico lo que más me gusta hacer?

- ¿Me ocupo en desarrollar mis fortalezas?

- ¿Me gusta el riesgo o lo evito?

- ¿Me considero una persona tranquila?

- ¿Me gusta socializar o me gusta trabajar solo?

- ¿Me es fácil establecer relaciones?

- ¿Soy conformista?

- ¿Soy organizado, disciplinado, metódico, puntual y estructurado?

- ¿Aprendo escuchando y leyendo o investigando y descubriendo?

- ¿A menudo me siento triste?

- ¿Resiento lo que otros me hicieron?

- ¿Tengo sueños que me ilusionan?

- ¿Tiendo a ayudar a los demás?

- ¿Me siento atraído por la fama y el reconocimiento?

- ¿Sé poner límites a los demás?

- ¿Expreso con facilidad lo que pienso?

- ¿Soy dominante o sumiso?

- ¿Me gusta analizarlo todo?

- ¿Soy impulsivo?

- ¿Soy conciliador?

- ¿Soy una persona cuidadosa y discreta?

- ¿Me gusta que los demás se sientan cómodos?

- ¿Es fácil para los demás comprenderme?

- ¿Ayudo a que otros crezcan?

- ¿Me gusta organizar las cosas?

- ¿Prefiero que otros las organicen y yo ejecutar?

- ¿Qué tipo de películas disfruto más?

- ¿Necesito la adrenalina?

- ¿Tiendo a ser calmado?

- ¿Pongo las necesidades de los demás primero que las mías?

- ¿Termino lo que inicio?

- ¿Me gusta lo que hago diariamente?

- ¿Me agradan las normas y el orden?

- ¿Me es fácil pasar horas sin hablar con nadie y me siento bien?

- ¿Soy pesimista?

- ¿Soy una persona que le gusta alcanzar metas?

- ¿Soy muy sensible y me resiento fácilmente?

- ¿Permito que los demás abusen de mí?

- ¿Vivo preocupado por todo?

- ¿Tengo metas que me inspiran?

- ¿Soy indiferente con la vida y las personas?

- ¿Culpo a los demás por lo que me ocurre?

- ¿Me identifico con el dolor de los demás?

- ¿Pospongo lo que debo hacer?

- ¿Me ocupo de mis prioridades?

- ¿Me gusta involucrarme en causas sociales?

- ¿Evado los conflictos?

- ¿Me gustan las personas?

- ¿Podría vivir solo?

- ¿Soy una persona compasiva y me gusta ayudar a los demás?

- ¿Soy espontáneo?

- ¿Soy planificado?

- ¿Me gusta la aventura?

- ¿Soy agresivo, irritable y me levanto en ira con facilidad?

- ¿Las personas me tienen confianza o me temen?

- ¿Disfruto estar solo para renovar mis energías?

- ¿Soy meticuloso y detallista?

- ¿Suelo descubrir lo positivo en los demás?

- ¿Normalmente las personas me caen mal?

- ¿Me es fácil analizarme?

- ¿Soy bueno siguiendo instrucciones?

- ¿Soy inquieto por naturaleza?

- ¿Soy competitivo?

- ¿Me gusta confrontar a los demás?

Luego de llenar el cuestionario, dialoga los hallazgos con tus mejores amigos y escucha sus comentarios. Decide escuchar. La meta consiste en que puedas conocerte mejor, sanes los recuerdos que aún te lastiman, te aceptes tal cual eres y diseña un plan que te permita crecer como persona. Determina cuáles son las áreas que debes trabajar, refuerza lo positivo y proponte alcanzar tu realización personal.

¿Qué me apasiona y cómo lo descubro?

Si tuviéramos todo el dinero del mundo, ¿qué haríamos? El otro día leí una publicación anónima que me parece excelente para ilustrar esto:

Una persona que deseaba alcanzar fama y riqueza se acercó a quien admiraba y le preguntó: "Si tuviera tu dinero, ¿sería la persona más feliz del mundo?". Este le respondió: "Te pago un millón de dólares si me das un brazo". "No", dijo su amigo, "jamás". "Bueno, te doy dos millones de dólares si me das tus ojos." "¡No!", gritó, "¿qué haría sin ellos?". "Bueno…", le dijo el amigo, "ya eres rico: tienes brazos y tienes ojos".

Perdemos el tiempo deseando lo que otros tienen y hemos dejado de observar los tesoros que tenemos dentro de nosotros. Nos comparamos como mendigos, suplicando que los demás nos den cualquier cosa, porque sentimos que nos hace falta algo, en lugar de invertir el tiempo en descubrir los tesoros que Dios nos dio desde que nacimos. Lo que necesitamos trabajar es descubrir lo que nos identifica, avivar lo que está dormido y desarrollar nuestro potencial.

Hemos convertido en murallas pensamientos equivocados y estos se convierten en paradigmas que nos limitan: "No puedo", "Es imposible", "Siempre ha sido así", "Otros lo intentaron y no lo lograron", "Soy pobre". ¿Qué pasaría si un día despertamos y decidimos alcanzar lo que no nos hemos atrevido? Lo que debemos hacer es liderar nuestro proyecto y no permitir más que sean otros los que determinen lo que podemos y lo que no podemos lograr.

Tres preguntas son claves para darnos un rumbo: ¿Qué apasiona mi vida?, ¿Hacia dónde me dirijo?, ¿Qué necesito para alcanzarlo?

Un amigo inició un negocio. Mientras se capacitaba, escuchó que los mejores en el campo habían alcanzado una productividad del 50% y preguntó por qué ese nivel de productividad. La respuesta del profesor fue: "Es el promedio que con el tiempo se estableció". Ante esa realidad preguntó: "¿Qué necesito para aumentar esa productividad al 80%?". "Medir lo que da resultado, corregir lo deficiente, eliminar las malas prácticas, investigar a quiénes lo han logrado, llevar un registro de los resultados, mejorar los procesos y hacer sostenible en el tiempo las buenas prácticas." Solamente fue el comentario del especialista en el tema.

Al salir de ahí, se propuso tener una productividad que superara el 80% y, al cabo de cuatro años, lo había logrado. Sus colegas querían saber cómo lo había alcanzado. El respondió: "Hice lo que el profesor nos enseñó". Su conclusión fue: "Creo que los demás aceptaron el estándar como un éxito, pero yo quise subir la norma". Esto mismo debemos hacer con nuestra propia vida. Nunca dejes que los demás te definan y mucho menos que te definan las emociones alimentadas por los temores o complejos. Todas estas son marcas por superar.

Muchas personas no alcanzan realización porque no están haciendo lo que deberían estar haciendo para lograrlo. Se han conformado con hacer lo que siempre han hecho, en lugar de estar haciendo lo que apasiona sus corazones.

¿Qué nos detiene? Posiblemente el temor, la crítica de los demás, el ambiente de descalificación en el que hemos vivido, la indiferencia o bien, la indisciplina. Debemos aprender a escuchar la pasión del corazón y atrevernos a creer que sí se puede lograr, y permitirle a Dios sanar la imagen interna que tenemos de nosotros mismos.

Hacer lo que a uno le apasiona es vivir en libertad. Para esto necesitamos conocernos bien, aceptarnos tal cual somos, dejar que nuestra imaginación vuele, sanar las emociones heridas, y comenzar a ver con ilusión el futuro.

La sensación de bienestar y de realización es producto de caminar en la dirección correcta y para lograrlo, debemos invertir tiempo en escuchar nuestro corazón, descubrir nuestra pasión y recorrer el camino que lleva nuestro nombre.

Por eso, es importante preguntarte:

- ¿Qué cosas me gusta hacer?

- ¿Qué es lo que más me motiva?

- ¿Qué me ilusiona?

- ¿Qué me saca una sonrisa cuando lo hago?

- ¿Qué ilumina mi rostro?

- ¿Qué despierta creatividad en mí?

- ¿Qué me resulta fácil realizar?

- ¿Qué me produce tranquilidad?

- ¿Sobre qué temas me gusta hablar o escribir?

- Al final de mis días, ¿qué me gustaría haber alcanzado?

La actitud

Todos enfrentamos adversidad, deficiencias, dudas, temores y crítica. No podemos evitar que las cosas ocurran. No podemos evitar equivocarnos, ser traicionados, sentir miedo, pasar desánimo o ser heridos y lastimados. El punto es: ¿qué hacemos con esas cosas que nos pasan? Lo que podemos hacer es determinar cómo las encaramos, cómo vamos a responder ante esas situaciones.

¿Qué nos hace falta para disfrutar la vida? ¿Qué se quiten los sentimientos negativos? ¿Que se eliminen los problemas? ¿Qué otros cambien, que todo esté en su lugar, que se acabe la crítica? Nada de eso ocurrirá. La diferencia la hace el protagonista de cada historia. Las cosas que nos pasan no pueden definirnos, limitarnos o detenernos. ¿Cómo vamos a encarar la vida? Viviendo con intensidad, esperanza, paz, alegría, gratitud y compasión. No dejemos que nos tiren basura: caminemos en libertad y para esto debemos perdonar a todos los que nos ofendan, nos hieran o nos abandonen.

La vida no inicia cuando todo lo que hemos soñado se cumple. La vida se vuelve intensa cuando comenzamos a caminar en procura de lo que nos apasiona. Lo emocionante de la vida es despertar a la conciencia de lo que estamos experimentando. Es levantarnos para construir, soñar, avanzar y producir. Es un estado de conciencia que solo viene cuando Dios ha sanado la imagen que tenemos de nosotros mismos.

Al final de la vida, lo más importante no será quién acumuló más riqueza o cuántos logros alcanzó. Lo que hace la diferencia es cuán plenamente vivió cada quien sus experiencias, cuán hábil fue para perdonar y cuánta fuerza tuvo para levantarse de nuevo cuando se sintió desanimado.

Amargura, perdón y gratitud

Una de las circunstancias que más frecuentemente encontramos en la vida es la injusticia, y la que más duele es la que viene de nuestros seres cercanos, un familiar o un amigo. Pero lo cierto es que es difícil que pase un día sin que alguien nos ofenda y con cada ofensa, tenemos que tomar una decisión: podemos escoger perdonar a quien nos ha lastimado o no perdonarlo. Somos nosotros quienes elegimos seguir adelante o frustrarnos.

La amargura es una actitud que rehúsa perdonar las ofensas. De hecho, se aferra a ellas y nos hace vivir mil veces los hechos que nos lastimaron y, como el cáncer, crece y crece hasta que destruye todo lo que le rodea. La amargura produce aflicción, angustia, recelo, disgusto y, con ello, frustración, rechazo, insensibilidad, relaciones rotas y soledad.

Sin embargo, el perdón nos libera. Dejamos la esclavitud de la amargura cuando nos damos la oportunidad de recorrer el camino a la libertad, y esto ocurre, al aceptar que estamos heridos, y elegimos perdonar. Es la única forma de soltar el pasado y retomar nuestra vida.

Existen personas a las que el perdón se les dificulta en gran medida. El problema es que se resisten a dejar la ofensa en el pasado. Una de las razones por lo que esto ocurre, es porque no desean que la ofensa quede sin castigo, y una forma de castigar es manteniendo abierta la herida. Pero es frecuente que estas personas no puedan reconocer el daño que les está causando el resentimiento que llevan por dentro.

La falta de perdón ocasiona que la amargura, el rencor, el enojo y el dolor estén vigentes y sigan generando sentimientos negativos. En la medida en que permanezca en esa posición, se deterioran su salud física y emocional.

A pesar de todos los beneficios que reconocemos en el perdón, este no es fácil de otorgar, ni tampoco de comprender. Por lo general, estamos esperando "sentir el deseo" para otorgarlo. Debemos decidir perdonar todas las veces que venga el sentimiento de dolor. Si sostenemos esta decisión en el tiempo, vamos a experimentar una sanidad profunda. Si no decidimos perdonar, nuestras emociones se quedan atrapadas en el pasado y vivimos como esclavos de la persona que nos hirió.

Se requiere decisión, voluntad y perseverancia. El perdón es un proceso, y la señal más contundente de que este proceso ha dado su fruto, se hará evidente cuando un día nos sorprendan los recuerdos de lo ocurrido y ya no experimentemos dolor ni deseos de vengarnos.

Sin lugar a duda, ante una ofensa, el perdón es la única forma de sanar y restituir lo negativo, porque de lo contrario, no hay reencuentro y mucho menos paz y armonía. Es la única forma de ser libre de la amargura.

Sin perdón, morimos por dentro lentamente. Con él, aun cuando los recuerdos sigan en nuestra mente, al menos podremos empezar a mirar hacia adelante. Todos hemos sido lastimados en el camino y, por lo tanto, tenemos mucho que perdonar.

Algunas veces, tenemos que perdonar a personas que han herido a nuestros seres queridos. Pero debemos perdonarlos, incluso cuando una de esas personas sea nuestro cónyuge, nuestro padre o nuestro hermano. Debemos dejar de alimentar las heridas y seguir adelante. Si no lo hacemos detenemos nuestro potencial y nuestro crecimiento personal.

Por lo general, buscamos excusas para no perdonar. La verdad, es que debemos perdonar a pesar de que no haya evidencia de cambio alguno en la persona que nos ofendió.

Sin perdón, solo hay rechazo, no hay esperanza ni reconciliación. Únicamente cuando hemos renunciado realmente a nuestro derecho de tomar venganza, hemos perdonado genuinamente, y es entonces cuando encontramos lo opuesto, que es la gratitud por la vida. Nadie puede experimentar gratitud si está amargado, resentido o herido. Si no tenemos gratitud, la vida no tiene sentido, porque la vemos a partir de la queja, la protesta, y esto roba todas las fuerzas.

Levantémonos para agradecer porque estamos vivos, porque tenemos inteligencia, porque podemos escuchar, reír, avanzar, descubrir, soñar y caminar en procura de un nuevo desafío. Decidamos sonreír a la vida, a las personas y al espejo.

Hacemos lo que hacemos porque somos personas libres y decidimos sobre nuestras actitudes, o hacemos lo que hacemos porque somos individuos heridos y estamos atrapados en el pasado. Cada uno decide cómo encarar la vida.

Reflexión

- Enfrentemos los miedos que nos paralizan, sea el rechazo, el fracaso, el cometer errores, el qué dirán, la crítica, o a estar solos.

- Liberémonos de las heridas que recibimos cuando éramos niños, de los traumas de la adolescencia, del aburrimiento, del resentimiento, del rencor o de la amargura.

- Dejemos de culpar a otros, a la familia, al pasado o a nosotros mismos. Sacudamos el polvo del camino y alivianemos el equipaje emocional para el viaje que nos espera. Decidamos brillar con lo que somos y lo que tenemos. No esperemos que algo más ocurra, simplemente seamos lo que Dios dice que somos.

- Decidamos amar como nunca. El amor es para demostrarse y para vivirlo plenamente. Decidamos amar la vida, las oportunidades, a nuestra familia y a Dios. La vida es muy corta y no hay razón para perder el tiempo en amarguras, discusiones interminables o en la espera de que los demás cambien. Decidamos perdonar las ofensas del pasado y soltar los viejos disgustos. Llegó el tiempo de vivir.

- Disfrutemos nuestra libertad, la inteligencia que nos identifica y la habilidad de construir con nuestras palabras, acciones y esfuerzo.

- Aprendamos de las circunstancias sin esperar a que sean diferentes.

- Otorguemos valor a los amigos que tenemos. No tratemos de controlar a nadie.

- Permitamos que otros asuman sus responsabilidades y nosotros las nuestras.

- Cambiemos nosotros: tomemos decisiones y seamos responsables por ellas.

Fijemos la meta a la que deseamos llegar, y tengamos la ilusión de que se diga de nosotros como se dijo de David: *"» Ciertamente David, después de servir a su propia generación conforme al propósito de Dios, murió..."* (Hechos 13: 36) O bien como lo expresó Pablo.

He peleado la buena batalla, he terminado la carrera, me he mantenido en la fe. Por lo demás me espera la corona de justicia que el Señor, el juez justo, me otorgará en aquel día; y no solo a mí, sino también a todos los que con amor hayan esperado su venida (2 Timoteo 4: 7-8).

Un día estaremos listos para partir y debemos haber vivido plenamente la vida, siendo nosotros mismos, con realización, alegría y dejando un legado que inspire a la nueva generación.

Capítulo 14

CON SU IMAGEN, NOS DIO UN PROPÓSITO

Antes de que fuéramos concebidos por nuestros padres, Dios nos diseñó en su mente, con características únicas y con un propósito en la vida. Soy la razón del amor de Dios y el cumplimiento de un propósito celestial.

Muchas veces sentimos que estorbamos en la familia, que no fuimos deseados, que hubiesen querido que fuéramos otra persona, pero Dios nos creó y no se equivocó en nada. Así se lo indica a Jeremías cuando lo llama.

La palabra del Señor vino a mí: «Antes de formarte en el vientre, ya te había elegido; antes de que nacieras, ya te había apartado; te había nombrado profeta para las naciones». Yo le respondí: «¡Ah, Señor mi Dios! ¡Soy muy joven, y no sé hablar!» Pero el Señor me dijo: «No digas: "Soy muy joven", porque vas a ir adondequiera que yo te envíe, y vas a decir todo lo que yo te ordene. No le temas a nadie, que yo estoy contigo para librarte». Lo afirma el Señor. Luego extendió el Señor la mano y, tocándome la boca, me dijo: «He puesto en tu boca mis palabras. Mira, hoy te doy autoridad sobre naciones y reinos,» para arrancar y derribar, para destruir y demoler, para construir y plantar» (Jeremías 1: 4-10).

Antes de que naciéramos habíamos sido elegidos por Dios para cumplir una misión. Ya nos conocía y nos equipó con lo necesario para cumplir la misión. Dios se revela a Jeremías para afirmarlo, animarlo, enviarlo y revelarle quién es él y todo lo que puede realizar. También le indica que Él ha puesto sus palabras en sus labios y que le guiará paso a paso. No vamos solos y nuestro trabajo es encontrarnos con Dios para conocernos mejor a nosotros mismos.

Dios no llega temprano y tampoco tarde. Dios le habla a Jeremías siendo joven, posiblemente tenía unos 20 años, pero también Dios se revela a Moisés cuando él tiene 80 años. Dios nos llama en el momento correcto, y conoce todo lo que somos, sentimos y pensamos. Por eso debemos tener expectativa con lo que Dios hará con nosotros.

Otro ejemplo maravilloso es la vida de Jacob. En Génesis 25: 22-28 Isaac y Rebeca, los padres de Jacob y de Esaú, clamaron por hijos y de una madre estéril nacen ellos. Aun desde el vientre había rivalidad entre ellos. Pero Dios diseñó cada característica de nuestro cuerpo, nos dotó de los dones necesarios para que cumpliéramos su propósito. Dios nos conoce por dentro y por fuera. No tenemos que angustiarnos, ni manipular el destino de nuestros hijos. Dios cumplirá en ellos lo que ha planeado. Para impulsar nuestros hijos al destino correcto, debemos ser padres realizados, plenos y llenos de gracia y sabiduría.

Isaac prefería a Esaú por ser hombre de campo. Rebeca prefería a Jacob por ser hombre de casa. Esto acrecienta la rivalidad entre ellos, y son envueltos en planes humanos que los llevan a la amargura y al resentimiento.

Vemos a Esaú y a Jacob que aun teniendo 40 años, persistía la interferencia de los padres y la rivalidad entre ellos. En Génesis 27 Isaac decide bendecir a Esaú, su preferido, pero Rebeca tiene su propio plan con su favorito Jacob. Y es como impulsa a su Jacob a robar la bendición de su padre. **Aunque los padres se equivoquen, Dios no se equivocó con nosotros.** Dios aprovecha hasta los errores de nuestros padres para cumplir su propósito en nuestras vidas.

El enojo de Esaú era tan grande, porque su hermano le robó con engaño la bendición de su padre, que amenaza de muerte a Jacob según Génesis 27: 33-36, 41-45. Ante esta realidad, Jacob corre atemorizado por lo que hizo. Así inicia un camino hacia el encuentro con él mismo, lleno de culpa y confusión, sin rumbo en la vida y dejando la seguridad del hogar, se aleja de la familia asustado.

Jacob tiene mil preguntas existenciales válidas: ¿Quién soy? ¿Hacia dónde me dirijo? ¿Cuál será mi futuro? ¿Qué haré sin tener cerca la protección de mi madre? ¿Por qué lo hice? ¿Cuál es mi destino? En esta circunstancia ya no tendría a su madre cerca para que decidiera por él. Ahora se pregunta: ¿Qué me espera?

No importa que corramos de un país a otros y aún lejos de nuestra familia, nosotros seguimos siendo nosotros y dondequiera que estemos debemos vivir el viaje al corazón para encontrarnos a nosotros mismos, con Dios y con nuestro propio destino. El problema no está fuera de nosotros; si hay algo que descubrir está en el corazón. Por eso Jacob en este viaje, se encontraría con Dios y con él mismo. Pero a la vez, desarrollaría carácter, habilidades, fe y una confianza plena en Dios.

Jacob, sin pensarlo, está por vivir la experiencia más extraordinaria que tendría, se encontraría con habilidades que no sabía que tenía y con amores que lo llenarían de ilusión. Es en estas circunstancias difíciles cuando Dios se revela a nuestras vidas y nos recuerda que somos el cumplimiento de un plan y que aun en medio de la adversidad Él cumplirá su propósito en nosotros.

Mientras Jacob corre lejos de su casa para proteger su vida, Dios se revela y lo vemos en Génesis 28: 10-22.

> *En el sueño, el* Señor *estaba de pie junto a él y le decía: «Yo soy el* Señor, *el Dios de tu abuelo Abraham y de tu padre Isaac. A ti y a tu descendencia les daré la tierra sobre la que estás acostado. Tu descendencia será tan numerosa como el polvo de la tierra. Te extenderás de norte a sur, y de oriente a occidente, y todas las familias de la tierra serán bendecidas por medio de ti y de tu descendencia.* **Yo estoy contigo. Te protegeré por dondequiera que vayas, y te traeré de vuelta a esta tierra. No te abandonaré hasta cumplir con todo lo que te he prometido»** (Génesis 28: 13-15).

Dios no está improvisando nada con nosotros. Al revelarse a Jacob, lo hace como el Dios del abuelo y del padre, y le repite la promesa que le hizo a cada uno de ellos. Somos el cumplimiento de la promesa hecha a nuestros padres y el eslabón para la generación que sigue. Somos el cumplimiento de un plan diseñado por Dios. Somos la persona correcta en el momento exacto.

Todos debemos vivir el momento de encontrarnos con Dios. Es el momento donde nadie puede tomar decisiones por nosotros y estamos frente a nuestro destino.

Dios le hace a Jacob una promesa extraordinaria y nos la hace a nosotros también. *"Estoy contigo, te protegeré y te traeré de vuelta, no te abandonaré, hasta cumplir con todo lo que te he prometido"* (Génesis 28:15). La promesa es personal. Dios se revela en el momento oportuno, promete acompañarnos, y cumplir lo que él se ha propuesto con nosotros. Para esto es necesario que dejemos de ser una mala copia de alguien más, que dejemos de rivalizar con otras personas, que renunciemos a nuestros complejos y miedos, y que le permitamos a Dios revelarse a nuestras vidas. Mientras más cerca estemos de Dios, más clara es la imagen que tenemos de nosotros mismos.

No caminamos solos, Dios está con nosotros. Le veremos en el camino, contemplaremos su gloria, Él cumplirá lo que nos ha prometido.

Cuando Dios se revela personalmente, sana nuestros temores, provee dirección, otorga sentido a la vida y nos indica quiénes somos.

Al llegar Jacob a su destino, tiene que trabajar duro por Rebeca porque la ama. Por muchos años debe trabajar para Labán su suegro. Jacob se había enamorado de Rebeca y trabajó por ella 14 años y le pareció poco porque la amaba.

> *Labán tenía dos hijas. La mayor se llamaba Lea, y la menor, Raquel. Lea tenía ojos apagados, mientras que Raquel era una mujer muy hermosa. Como Jacob se había enamorado de Raquel, le dijo a su tío: —Me ofrezco a trabajar para ti siete años, a cambio de Raquel, tu hija menor.* **Así que Jacob trabajó siete años para poder casarse con Raquel, pero como estaba muy enamorado de ella le pareció poco tiempo"** (Génesis 29: 16-20)

Cuando hay amor, todo lo que hacemos lo hacemos con excelencia, con fuerza, y nos parecerá poco tiempo porque estamos motivados.

Cuando hay amor, el tiempo se acorta. Fue en esta aventura de trabajar por su familia que Jacob desarrolla carácter, sentido de lucha, adquiere un propósito en la vida, edifica su propia familia y paga el precio de trabajar duro por lo que ama.

Por causa de Jacob, su familia es próspera y es bendecida por Dios

*Después de que Raquel dio a luz a José, Jacob le dijo a Labán: —Déjame regresar a mi hogar y a mi propia tierra. Dame las mujeres por las que te he servido, y mis hijos, y déjame ir. Tú bien sabes cómo he trabajado para ti… Jacob le respondió: —**Tú bien sabes cómo he trabajado, y cómo gracias a mis desvelos han mejorado tus animales. Lo que tenías antes de mi venida, que era muy poco, se ha multiplicado enormemente. Gracias a mí, el Señor te ha bendecido. Ahora quiero hacer algo por mi propia familia*** (Génesis 30: 25-30).

Al trabajar duro mientras edificaba su propia familia, se da cuenta que es capaz, inteligente, luchador, emprendedor, buen administrador de los recursos, y descubre su potencial y sus habilidades.

Ahora Jacob quiere luchar por su propia familia, por su propio proyecto de vida y desea regresar a su tierra natal. Tal y como lo expresó: *"Ahora quiero hacer algo por mi propia familia"*. Llega un momento donde nos toca hacer algo por nuestra vida y por nuestra propia familia. Para hacerlo debemos tomar decisiones: alejarnos de ambientes tóxicos como en el que estaba Jacob y recorrer el camino que nuestro corazón nos indica.

Ante los desafíos que enfrentamos, Dios nos fortalece y nos guía. No vamos solos.

> *Jacob también siguió su camino, pero unos ángeles de Dios salieron a su encuentro. Al verlos, exclamó: «¡Éste es el campamento de Dios!» Por eso llamó a ese lugar Majanayin* (Génesis 32: 1-2 NVI)

Es en este trayecto de regreso a su tierra que se entera que su hermano Esaú viene contra él con hombres de guerra a cumplir lo que le había prometido. El dolor de Esaú seguía vivo; él seguía siendo la misma persona. Pero ahora Jacob era un hombre diferente. Casi 40 años después, Jacob ha madurado, ha trabajado por su familia y ha tenido un encuentro transformador con Dios. Ya no era la misma persona. Aun su nombre Dios se lo había cambiado.

> **Entonces Jacob se puso a orar:** *«SEÑOR, Dios de mi abuelo Abraham y de mi padre Isaac, que me dijiste que regresara a mi tierra y a mis familiares, y que me harías prosperar: realmente yo, tu siervo, no soy digno de la bondad y fidelidad con que me has privilegiado. Cuando crucé este río Jordán, no tenía más que mi bastón; pero ahora he llegado a formar dos campamentos. ¡Líbrame del poder de mi hermano Esaú, pues* **tengo miedo** *de que venga a matarme a mí y a las madres y a los niños! Tú mismo afirmaste que me harías prosperar, y que mis descendientes serían tan numerosos como la arena del mar, que no se puede contar.»* (Génesis 32: 9-12)

Se requiere humildad para suplicar a Dios misericordia y es lo que Jacob hace. Aun en medio de su prosperidad, no depende de ella, sino que depende de Dios.

Lo que tenemos no nos define. La única forma de encontrarnos con nosotros es en la intimidad con Dios. Valemos por lo que Dios dice que somos. Nuestro valor no lo define el dinero, el éxito profesional, o las habilidades intelectuales. Es Dios quien nos define, nos afirma y nos guía.

Jacob diseña una estrategia para encontrarse con su hermano, le envía regalos en señal de amistad y busca su compasión por lo que él le había hecho hace muchos años.

> *Jacob pasó la noche en aquel lugar, y de lo que tenía consigo escogió, como regalo para su hermano Esaú… Al que iba al frente, le ordenó: «Cuando te encuentres con mi hermano Esaú y te pregunte de quién eres, a dónde te diriges y de quién es el ganado que llevas, le contestarás: "Es un regalo para usted, mi señor Esaú, que de sus ganados le manda su siervo Jacob. Además, él mismo viene detrás de nosotros."» Jacob les dio la misma orden al segundo y al tercer grupo, y a todos los demás que iban detrás del ganado. Les dijo: «Cuando se encuentren con Esaú, le dirán todo esto, y añadirán: "Su siervo Jacob viene detrás de nosotros."» Jacob pensaba: «Lo apaciguaré con los regalos que le llegarán primero, y luego me presentaré ante él; tal vez así me reciba bien.»*
> (Génesis 32: 13-20)

Cuando Jacob enfrenta el peor temor de su vida se encuentra con Dios y su identidad es sanada. Hay luchas que se viven en lo secreto y nadie puede vivirlas por nosotros.

Las guerras se ganan en lo íntimo, enfrentando nuestros gigantes, venciendo los miedos, eliminando los complejos, sanando los recuerdos, perdonando a las personas y liberándonos de las culpas. El único que nos puede ayudar en esta guerra interna es Dios y Él está ahí, más cerca de lo que imaginamos, para luchar a nuestro lado.

> *Aquella misma noche Jacob se levantó… Una vez que lo habían cruzado, hizo pasar también todas sus posesiones, **quedándose solo. Entonces un hombre luchó con él hasta el amanecer.** Cuando ese hombre se dio cuenta de que no podía vencer a Jacob, lo tocó en la coyuntura de la cadera, y ésta se le dislocó mientras luchaban. Entonces el hombre le dijo: —**¡Suéltame, que ya está por amanecer! —¡No te soltaré hasta que me bendigas! —respondió Jacob.** —¿Cómo te llamas? —le preguntó el hombre. —Me llamo Jacob —respondió. Entonces el hombre le dijo: —**Ya no te llamarás Jacob, sino Israel, porque has luchado con Dios y con los hombres, y has vencido** (Génesis 32: 22- 28).*

Hay momentos donde estamos cansados de correr, de huir, de escuchar amenazas que nos debilitan, y necesitamos quedarnos a solas con Dios para que nos revele quiénes somos, como lo hizo Jacob.

Ahora, nunca más será Jacob el suplantador, el que roba la bendición, el que depende de su astucia para obtener privilegios. Llegó el momento de que Jacob sea Israel, el que luchó y venció. Deja que sea Dios quien te cambie de nombre y te otorgue una nueva identidad. Una identidad sana, restaurada, capaz de luchar por lo que ama y de vivir la vida en función de lo que Él ha diseñado.

Encuentro de Jacob con Esaú

> *Cuando Jacob alzó la vista y vio que Esaú se acercaba con cuatrocientos hombres, repartió a los niños entre Lea, Raquel y las dos esclavas. **Jacob, por su parte, se adelantó a ellos**, inclinándose*

*hasta el suelo siete veces mientras se iba acercando a su herma-
no.* **Pero Esaú corrió a su encuentro y, echándole los brazos al
cuello, lo abrazó y lo besó. Entonces los dos se pusieron a llorar.** *Luego Esaú alzó la vista y, al ver a las mujeres y a los niños,
preguntó: —¿Quiénes son estos que te acompañan? —***Son los hijos que Dios le ha concedido a tu siervo —respondió.** *—¿Qué
significan todas estas manadas que han salido a mi encuentro?
—preguntó Esaú. —***Intentaba con ellas ganarme tu confianza
—contestó Jacob. —Hermano mío —repuso Esaú—, ya tengo más que suficiente. Quédate con lo que te pertenece.** *—No,
por favor —insistió Jacob—; si me he ganado tu confianza, acepta este presente que te ofrezco. Ya que me has recibido tan bien,
¡ver tu rostro es como ver a Dios mismo! Acéptame el regalo que
te he traído.* **Dios ha sido muy bueno conmigo, y tengo más de
lo que necesito.** *Fue tanta la insistencia de Jacob que, finalmente,
Esaú aceptó. Más tarde, Esaú le dijo: —Sigamos nuestro viaje;
yo te acompañaré. Pero Jacob se disculpó: —***Mi hermano y señor debe saber que los niños son todavía muy débiles, y que
las ovejas y las vacas acaban de tener cría, y debo cuidarlas.
Si les exijo demasiado, en un solo día se me puede morir todo
el rebaño. Es mejor que mi señor se adelante a su siervo, que
yo seguiré al paso de la manada y de los niños, hasta que nos
encontremos en Seír** *(Génesis 33: 1- 14).*

Ahora los hermanos no compiten, cada uno es cada uno y ambos han
luchado por lo que tienen. Jacob tiene su propia realidad, tiene definido quién es, a quién ama y conoce el paso al que debe ir por la vida.
Jacob sabe que él es diferente a su hermano, ya no desea lo que su
hermano tiene, ya no envidia lo que el otro posee, ya no corre al ritmo
de los deseos de su madre.

Ahora Jacob es Jacob, y esta es la experiencia que todos debemos vivir. Las personas y las familias son únicas y diferentes, viven su propia realidad, su propio momento, su propia circunstancia y cada persona y familia tiene su propio paso. Jacob lo demuestra cuando le dice: *"Debo cuidarla".* Debo cuidar lo que Dios me ha dado. Lo obtuvo con mucho trabajo y sacrificio.

Lo que se ha construido con esfuerzo se valora, se aprecia y se cuida.

"Si les exijo demasiado, en un solo día se me puede morir todo el rebaño." Valoró su familia porque le costó 21 años de duro trabajo y esfuerzo. El amor que tienes por tu familia, lo mide el nivel de sacrificio que tengas por ella. Sin sacrificio no hay amor.

Cuando nos conocemos a nosotros mismos, reconocemos que vivimos un tiempo diferente al que viven otras personas. Nuestro ritmo no es igual al de otros y tampoco es igual que teníamos hace 10 años.

Aceptarnos a nosotros mismos es algo que evoluciona con el tiempo. Hay dos momentos de crisis que deben anticiparse: la adolescencia y la mediana edad.

Camina paso a paso hasta que llegue. No asumas la velocidad de otras personas. Cada uno tiene su momento, su estilo, y tienes que distinguir el momento que vives y el paso que necesitas para llevar. Hay momentos donde todo el tiempo es para nosotros, pero no siempre es así. Hay momentos para cuidar los niños pequeños o a nuestros padres ancianos.

Reflexión

1. Tu vida es única; no la compares.

2. Aprecia las costumbres y tradiciones de tu familia.

3. No es igual estar soltero, que recién casado. No es igual un recién casado que un matrimonio con hijos. No es igual tener hijos pequeños que con hijos universitarios o casados. No compares tu vida ni la de tu familia con otros.

4. Celebra cada éxito.

5. No adelantes el tiempo, vive el presente con sentido de destino. Si no tienes hijos, disfrútalo. Si tienes hijos, ámalos. Si tus hijos se casaron, déjalos partir.

6. Toma vacaciones regularmente y disfruta el recorrido de la vida.

7. Si estás agotado, descansa. Si estás enfermo, atiéndete.

8. Toma tiempo para ti, para hacer ejercicio, leer, descansar y renovar fuerzas.

9. Perdona a quien te ha herido y perdónate a ti mismo. Aligera el equipaje emocional.

10. Busca ayuda si la necesitas.

11. Camina paso a paso hasta que llegues.

Los amigos, la familia y el grupo social en el que nos movemos deben ser la principal fuente de inspiración para que Dios defina en nosotros lo que Él quiere que seamos. Debemos alejarnos a ambientes tóxicos, que nos lastiman o nos hieren en nuestro amor propio.

La belleza con la cual Dios nos creó

Ese espejo que recibo de mi padre evoca en mí el espejo de Dios y la belleza con la cual me creó. Me parece fascinante como lo expresa David en el Salmo 139: *"Tú creaste mis entrañas; me formaste en el vientre de mi madre. ¡Te alabo porque soy una creación admirable! ¡Tus obras son maravillosas, y esto lo sé muy bien!"*. (Salmo 139: 13-14) Se está viendo a sí mismo. Todos mis días ya estaban contados desde que estaba en el vientre de mi madre y aún antes de que yo naciera ya estaban contados mis días. Yo quiero vivir la historia que Dios ha escrito y lleva mi nombre. Por eso debo esforzarme en descubrir los planes que Dios tiene para mí.

Cuando Dios nos creó, nos hizo para gobernar, dominar la tierra y dirigirla. Nos puso para gobernar todo lo creado y esa es una gran responsabilidad. Por lo tanto nos equipó para hacerlo bien.

Esto significa que nos ha dado creatividad, ingenio, inteligencia, y la fuerza necesaria para perseverar y superar los momentos difíciles. Nos ha creado para amar, nos ha equipado para crecer y multiplicarnos. Nos ha creado para alabanza de su Nombre, y por lo tanto, necesitarnos detenernos para conocerlo y conocerlo. Dios nos ha dado la capacidad de crear, y así desarrollar los sueños que nos apasionan.

Dios nos ha puesto como el eslabón de una gran historia, donde aportando lo mejor de nosotros podemos ser de bendición para la siguiente generación. Por lo tanto, no podemos vivir solo en función de nuestros deseos, sino que debemos vivir con la meta de edificar generaciones.

Vivamos de tal forma que hagamos brillar a la siguiente generación. Timoteo es el fruto de una abuela valiente y de una madre determinada en pasar la fe a la siguiente generación. Fueron ellas quienes sembraron una simiente de esperanza en uno de los grandes pastores de la época, uno de los discípulos amados de Pablo, el heredero de un gran legado.

Cada uno de nosotros es constructor de una historia maravillosa que impactará generaciones completas. Si yo logro verme en el espejo de Dios, veré todo lo que puedo logar, alcanzaré realización, plenitud y desarrollaré un gran amor por los demás. Es lo que nos lleva a disfrutar lo que somos y hacemos.

Capítulo 15

CREER EN TI: LA ESENCIA DE DIOS

Una persona debe creer en sí misma, porque si no cree en sí misma, no puede relacionarse saludablemente con los demás. Lastimamos a otros cuando competimos con ellos y competimos con ellos porque estamos heridos.

Creer en uno mismo no significa una sobre exaltación del ego, es más bien servir como sirvió Jesús a sus discípulos. Solo los grandes sirven a los demás, pero las personas heridas en su amor propio lastiman a los demás.

Creer en sí mismo no es tener un ego sobredimensionado. Es tener una correcta interpretación de quién soy y por lo tanto, me relaciono a partir del respeto y la comprensión.

Un día debo dejar de luchar con mis complejos para vivir la experiencia de conocerme, aceptarme, y es cuando estoy listo para desarrollar mi potencial. Solo quien se conoce puede saber cuánto vale y hacia dónde se dirige.

Todos tenemos que creer en nosotros mismos. Si yo no creo en mí mismo, ¿quién va a creer en mí? Nos relacionamos con los demás a partir de lo que pensamos que somos nosotros.

Si yo no me conozco, yo no sé quién soy. Yo tengo que comenzar por conocerme y eso requiere el tiempo necesario para el análisis. Entre más tiempo invierto en conocerme, mejor me será aceptarme, y al hacerlo, podré identificarme mejor conmigo mismo. Cuando lo logro, en vez de menospreciar a los demás, ahora levanto a los demás.

Creer en uno mismo nos lleva siempre a vivir la esencia de Dios en mí y la esencia de Dios en mí es servir a los demás. Uno es grande en tanto sirve también a los demás.

La realización personal no puede estar en un futuro distante. Lo que soy debe descubrirlo el día de hoy. No se puede posponer o delegar en los hombros de otra persona. Es cierto que hoy nos entrenamos para lo que haremos mañana, pero no podemos vivir el presente como si fuera un mientras tanto. Hoy tengo que vivir a plenitud la vida y eso solo puede venir de la mano de Dios.

Tengo que vivir el presente a plenitud y no creer que la felicidad está en el mañana que un día llegará.

La felicidad es una conquista personal, por lo tanto, mi realización es un viaje que debo experimentar por mí mismo. Por eso, nadie se casa para ser feliz, porque al matrimonio llevamos lo que tenemos y lo que somos. Por lo tanto, llevo al matrimonio lo que tengo y debo llevar lo mejor de mí. Por eso, lo que debo conquistar debo conquistarlo hoy.

Cuando creo en mí soy creativo. Cuando creo en mí surge iniciativa. Cuando creo en mí hay visión. Cuando creo en mí hay realización. Entonces logro ser el soñador que inspira a los demás a crecer.

Los soñadores son aquellos que se mantienen en constante crecimiento y descubrimiento de esa esencia de lo que son, y se lo llegan a creer.

La actitud hace la diferencia

Una deportista que había ganado una medalla de oro en las Olimpiadas había sido disciplinada por cuatro años sin competir por un supuesto dopaje. Ante esto ella aseguró que volvería a la competición internacional: "Fuerte y ante las mejores del mundo luego de cumplir el castigo".

La vergüenza pública y la descalificación no la amedrentaron ni la hicieron desistir del sueño de competir internacionalmente. No permitió que los demás la definieran como una persona acabada, descalificada o fracasada. Ella sabía quién era; por eso a sus 31 años declaró a una agencia noticiosa: "No prometo los Juegos Olímpicos, pero prometo luchar a muerte contra el reloj".

Por su parte, el entrenador expresó: "Ella siempre ha sido una luchadora y hoy por hoy me ha demostrado que volverá con una potencia que me asusta". Ella había sido castigada con cuatro años de suspensión, pena que luego fue rebajada a dos años, pero nunca dejó de entrenar en horas de la madrugada. Mantuvo su disciplina de siempre y ante la adversidad su fuerza creció.

Ella decía: "Volverá una mejor que la anterior. Voy a retomar un camino que tendrá su fundamento en el rendimiento y los resultados.

Me falta poco tiempo para regresar… volveré a competir internacionalmente, lo que se ha convertido en una de las principales ilusiones de mi vida".

Por otra parte su entrenador declaró: "Estoy sorprendido porque en lugar de bajar el rendimiento está creciendo como atleta. Tiene una ilusión y un coraje que pocas veces he visto en un atleta".

Esto se llama actitud porque en lugar de resentirse con los demás, se levantó con fuerza, ánimo y determinación ante la vida. El mundo ofrece razones suficientes para dejarnos tirados en el camino, decepcionados y frustrados. Nosotros mismos al ver que los años corren, podríamos vernos como personas acabadas, o nos levantamos a partir de la ilusión, fuerza, determinación y una plena confianza en Dios.

La actitud es una predisposición para reaccionar de manera sistemática, ya sea favorable o desfavorable, ante los estímulos que recibimos del ambiente que nos rodea.

Tu actitud no puedes fundamentarla en:

- *Las circunstancias:* Pablo no fundamentó su actitud en la realidad de estar en la cárcel, haber experimentado naufragios, agresiones, juicios y rechazo. Él vio oportunidades en cada ciudad donde estaba. Quizás no pueda controlar lo que le ocurre, pero usted es completamente responsable por la reacción que tiene ante lo que le ocurre.

- *La crianza:* El pasado ya se fue y está fuera de su control. Cada uno de nosotros es responsable de no dejar que la forma en que nos criaron controle el presente. La crianza que nos dieron tiene una influencia significativa en nuestra personalidad y en la forma en la que vemos la vida, pero lo que vivimos en casa debe ser la plataforma para levantarnos a hacer algo diferente y mejor.

- *Las limitaciones:* Todos enfrentamos limitaciones de alguna especie; falta de talento, limitaciones de dinero, pocas oportunidades, apariencia, pobreza, rechazo, etc. Pero usted y yo necesitamos aprender a vivir con ellas. Las limitaciones no son obstáculos, son oportunidades para superarnos. Son señales que dirigen su viaje a la realización personal y son retos para ser enfrentados. José vivió limitaciones, porque sus hermanos lo vendieron como esclavo, terminó en la cárcel olvidado por sus amigos y pensó que Dios también se había olvidado de él. Pero a su tiempo, cuando estuvo preparado, al ser llamado ante el Faraón, tuvo el carácter correcto y la valentía necesaria para reconocer que era Dios que le daba la inteligencia para discernir los sueños expuestos. La adversidad formó el carácter de José y lo ayudó a encontrarse con él mismo y con Dios. Pero si José se hubiese quejado de todo lo que vivió, o hubiese guardado rencor con sus hermanos por lo que le hicieron, no hubiera estado preparado para ser el gobernador de Egipto, y tampoco hubiese podido liderar como lo hizo. El día que debían darse las cosas el corazón de José estaba sano, su carácter estaba formado y él como persona había crecido.

- *Las otras personas:* Nadie sino tú eres responsable de las decisiones que tomas y de la forma en la que encaras la vida. Tenemos que dejar de vivir como víctimas de los errores de los demás, para ser personas que caminan conforme a un propósito definido por Dios.

Nuestra actitud no puede determinar lo que sentimos, pero puede impedir que los sentimientos nos detengan y nos dirijan. Los sentimientos son influenciados por lo que los demás dicen de nosotros, la crianza que vivimos y las circunstancias que enfrentamos. Pero la actitud que tenemos es determinada por lo que creemos y lo que somos en Dios.

Suelte lo que ha quedado atrás. Como dijo Pablo: *"Una cosa hago: olvidando lo que ha quedado atrás..."* (Filipenses 3:13) El éxito se disfruta y se suelta para lanzarnos en la conquista de lo que está adelante. Si no suelta no avanza, se queda atrapado en el pasado, disminuye su potencial, se vuelve esclavo del resentimiento y de las experiencias que lo lastimaron.

Qué es lo que debemos dejar ir:

► **La envidia, la rivalidad, la traición.** Suelta lo que provoca ira y resentimiento. Hay quienes intencionalmente hacen cosas para aumentar nuestras angustias. Eso se perdona, se suelta y se deja ir. No le des importancia a la basura que te tiran en el camino, no repitas los comentarios que te lastiman, no participes en chismes. Deja que sea Dios quien te defina. El resentimiento lastima y nos hace vivir en la mente una y otra vez lo sucedido. Por eso hoy decide perdonar; declárate libre. No vivas más como víctima. Vive como una persona plena y libre.

► **El dolor.** Ante lo que te duele, tener una buena actitud hace la diferencia, porque hace que surja valor en ti y valor en los que te aman. Si tomas la adversidad como algo injusto, te amargas, te resientes y la oportunidad pasa sin ser aprovechada. Hay momentos donde no podemos actuar por lo que sentimos, sino por lo que sabemos que es lo correcto. A esto le llamamos vivir con una buena actitud.

► **Queda atrás la culpa de los errores pasados.** La culpa humilla, resta, denigra, minimiza y avergüenza. No permitas que tu presente sea controlado por tu pasado. Deja de castigarse. Una persona culpable camina sin rumbo por la vida. No tenemos por qué ser prisioneros de nuestro pasado. El perdón de Dios redime, dignifica, justifica, santifica y eleva la dignidad.

Una cosa hago: soltar lo que ya no existe y lo que es responsabilidad de los demás. Todo esto lo entrego a Cristo, lo dejo sin efecto, y me declaro libre para ir con determinación por lo que Cristo ha preparado para mí en el futuro.

Si no puedes manejar lo que vives, ¡busca ayuda! No es justo vivir como víctima pudiendo ser libre y vivir plenamente lo que Dios ha puesto en tus manos.

Tu actitud establece la diferencia entre el éxito y el fracaso; entre la felicidad y la tristeza; entre las buenas y las malas relaciones. Quizá no puedas cambiar las circunstancias y a las personas, pero definitivamente puedes hacer que tu actitud sea la mejor.

Una buena actitud te permite:

- Ver oportunidades en lugar de obstáculos
- Trabajar con otras personas aunque sean muy diferentes a ti.
- Creer en ti mismo y ver la vida con esperanza
- Ver soluciones en vez de problemas

- Aprovechar mejor el tiempo

- Darte a otros con libertad

- Ser optimista en lugar de pesimista

- Ser responsable en lugar de irresponsable

- Ser persistente, tenaz, innovador y una persona con iniciativa.

La diferencia no está en lo que tienes; está en lo que haces con lo que tienes, y esto depende totalmente de tu actitud frente a la vida.

¿Cómo mantener la mejor actitud?

- **Aprovecha cada oportunidad:** Nos resentimos con los demás cuando solo buscamos nuestro beneficio. Esto nos puede llevar a la decepción, a ser rencorosos y a vivir deprimidos. Cuando somos responsables de lo que somos, aumenta nuestro potencial, perdonamos con facilidad, y somos más creativos.

- **Aléjate de ambientes tóxicos:** Pasa tiempo con personas que te estimulan al bien y aléjate de las personas tóxicas y de ambientes negativos. Haz lucir bien a tu cónyuge, a tus amigos y la empresa en la que trabajas, porque eso habla bien de nosotros mismos.

- **Suelta el pasado y vive al máximo tu presente:** Cuando perdonamos a quienes nos abandonaron y a quienes nos traicionaron, prestamos atención a lo que está ocurriendo en el presente, y procuramos tener una actitud positiva ante lo que vivimos. Aprovechamos mejor las oportunidades, vivimos intensamente el presente y se abren nuevas oportunidades.

- **Ríe con la vida:** Ríe con las personas por lo que te ocurre, y celebra en grande cada uno de tus éxitos. Reír nos trae salud, los músculos se relajan y contagiamos a los demás del buen ánimo que tenemos.

- **Diseña un plan para cambiar:** Nadie cambia cuando los demás cambian o las circunstancias sean diferentes. Cambiamos cuando lo decidimos y elaboramos un plan para lograrlo.

Si esperas en Cristo un mejor mañana, aun cuando tropieces con circunstancias negativas, con traiciones y abandonos, puedes liberarte para hacer lo mejor que puedas y seguir adelante. Mientras mejor sea tu actitud, más lejos llegarás.

¿Cómo pensaba y actuaba Pablo que tuvo la actitud correcta?

Pablo no caminaba solo, tenía relaciones estrechas, y profundas:

> *"Por lo tanto, **queridos** hermanos míos, a quienes **amo y extraño** **mucho**, ustedes que **son mi alegría y mi corona**, manténganse* *así firmes en el Señor. Ruego a Evodia y también a Síntique que* *se pongan de acuerdo en el Señor.* (no era una relación perfecta, porque toda relación cercana tiene su dificultad) *Y a ti, **mi fiel*** ***compañero**, te pido que **ayudes** a estas mujeres que **han luchado*** ***a mi lado** en la obra del evangelio, junto con Clemente y los demás* *colaboradores míos, cuyos nombres están en el libro de la vida"* (Filipenses 4: 1-3).

Tenía relaciones profundas y cercanas con personas que le acompañaban en el viaje de la vida y le eran de buena influencia. Los amaba, los extrañaba, eran su alegría, y su corona. Eran su preocupación y luchaba para que resolvieran sus diferencias. Tenía personas que habían luchado a su lado y eran fieles. Los consideraba amigos y colaboradores en la misión encomendada. **La compañía hace la diferencia, por eso elije bien a tus compañeros de viaje.**

Necesitamos amigos del alma, en los cuales confiar, necesitamos mentores y confidentes, amigos fieles al llamado, personas determinadas a estar en las buenas y en las malas. Personas que nos comprendan, nos acepten y nos respeten. Por eso ten esta misma actitud con los demás.

Nadie lo puede lograr solo. Necesitamos pertenecer, ser parte de una familia y tener compromiso con ella. Necesitamos caminar juntos para cuidarnos y protegernos. Para tener esta clase de amigos debes invertir tiempo, ser paciente, caminar a su lado por largo tiempo. Debemos compartir los mismos valores.

Necesitamos resolver nuestras diferencias. Para eso llama como mediadores a personas fieles, en las cuales puedas confiar. Hazte rodear de buenas personas, aunque esto no significa que ellos harán lo que te corresponde. No son relaciones absorbentes, son relaciones de respeto, de generación de espacios, donde cada uno es cada uno, y donde cada uno asume su responsabilidad.

Pablo sabe disculpar y sabe poner las cosas en su correcta perspectiva y realidad. Pablo no idealiza a las personas, plantea su relación a partir de la buena intención de las demás personas: *"Me alegro muchísimo en el Señor de que al fin hayan vuelto a interesarse en mí. Claro está que tenían interés, sólo que no habían tenido la oportunidad de demostrarlo"* (Filipenses 4: 10).

Determinó alegrarse en el Señor siempre. *"Alégrense siempre en el Señor. Insisto: ¡Alégrense! Que su amabilidad sea*

evidente a todos. El Señor está cerca. **No se inquieten por nada;**
más bien, en toda ocasión, con oración y ruego, presenten sus
peticiones a Dios y denle gracias. *Y la paz de Dios, que sobrepa-*
sa todo entendimiento, cuidará sus corazones y sus pensamientos
en Cristo Jesús" (Filipenses 4: 4-5).

Cómo lograr esta alegría que produce paz, esperanza y tranquilidad

En toda necesidad y situación oremos al Señor, traigamos nuestras
peticiones al Señor. Nuestra esperanza está en Él, no en las personas,
ni en las circunstancias. Nuestra súplica es a Él. El Señor Jesucristo es
nuestra fuerza y refugio.

Pablo es agradecido con Dios y con las personas. La gratitud a Dios
da confianza. Es la certeza de que somos escuchados, amados y co-
rrespondidos conforme a la voluntad de Dios. La gratitud nos hace
estar de buen ánimo. La gratitud arranca alabanza a nuestro Dios. Y
la paz de Dios, que sobrepasa todo entendimiento, cuidará nuestros
corazones y nuestros pensamientos.

La gratitud nos lleva a descubrir dimensiones de satisfacción que jamás podíamos haber imaginado. *"Ya he recibido todo lo que necesito y*
aún más; tengo hasta de sobra ahora que he recibido de Epafrodito lo que
me enviaron. **Es una ofrenda fragante,** *un sacrificio que Dios acepta con*
agrado. Así que mi Dios les proveerá de todo lo que necesiten, conforme
a las gloriosas riquezas que tiene en Cristo Jesús" (Filipenses 4: 18-19).
Esto es gratitud que conduce al contentamiento y a las buenas relaciones con Dios, los demás y con él mismo.

La gratitud y la actitud de estar siempre gozoso se aprende. *"No digo esto porque esté necesitado, pues **he aprendido a estar satisfecho en cualquier situación en que me encuentre.** Sé lo que es vivir en la pobreza, y lo que es vivir en la abundancia. **He aprendido a vivir en todas y cada una de las circunstancias,** tanto a quedar saciado como a pasar hambre, a tener de sobra como a sufrir escasez. **Todo lo puedo en Cristo que me fortalece"** (Filipenses 4: 11-13).

Pablo nos enseña el camino, él dice que se aprende. No es que a algunos se les hace más sencillo ser agradecidos; se aprende a tener un corazón agradecido. No se puede imitar, se aprende. Aprender es un proceso que inicia con disposición a querer cambiar, con exposición a la enseñanza correcta y admirando lo que otros han logrado. Cuando se ha desarrollado un espíritu educable y se logra tener el corazón de un discípulo se puede decir: *"todo lo puedo en Cristo que me fortalece".*

La felicidad plena y verdadera

La felicidad plena y verdadera se encuentra en Cristo, porque lo llena todo, lo que nos permite tener un corazón agradecido y satisfecho.

La felicidad es una elección. La felicidad nunca se puede encontrar fuera de uno mismo, no la provee el estado civil, ni un acontecimiento externo, ni me lo puede dar alguien más. Es la capacidad que tengo de vivir en paz conmigo mismo, de aceptarme como soy y de agradecer a Dios hasta el más mínimo detalle.

La felicidad es una elección que puedo tomar en cualquier momento y en cualquier lugar, y se logra cuando Dios lo ha llenado todo en mi vida.

La felicidad no depende de las circunstancias, ni de las personas. Es una decisión personal, un camino, un estilo de vida.

El alegrarme siempre lo interrumpe la crítica constante, el juzgar la vida de los demás, la queja por lo que se hizo y lo que no se hizo y la idealización de las personas. Todo lo que te robe la oportunidad de ser feliz, deséchalo de tu vida.

- ► La verdadera felicidad es reconocer el momento de alegría que vivo, disfrutarlo intensamente y dejarlo ir cuando ya no está. Debemos aprender a soltar lo que ya no existe. Para ser felices debemos soltar lo que se marchó.

- ► En la búsqueda de la felicidad, necesitamos interpretar el pasado como fuente de inspiración, y para esto necesito desprenderme de él y tomar la libertad del presente para elegir, planear y soñar.

- ► La felicidad es la capacidad de vivir con lo que existe, y soy.

- ► La falta de la felicidad viene porque quiero vivir con un ideal, con lo que ya no existe, o bien, con lo que aún no llega.

- ► La felicidad es la capacidad de asumir la responsabilidad de mi propio proyecto de vida, mis decisiones y de mis acciones.

- ► Felicidad no es un sentimiento de plenitud completa. Es la búsqueda de un mejor nivel de vida. Es Dios llenando cada rincón de mi vida lo que produce paz, esperanza y alegría.

- ► La felicidad es la capacidad de aceptar el dolor como también la alegría.

- ► Somos felices cuando tenemos esperanza y confianza en Dios.

► No significa ausencia de problemas, sino esperanza y fe en lo que Dios nos ha prometido.

► Somos felices cuando somos desafiados a creer que podemos superar lo que vivimos y soñar con un mejor mañana.

► La felicidad no significa perfección. Es la capacidad de interpretar mi momento.

► La felicidad es aceptar que somos diferentes, que pensamos diferente, que tenemos gustos diferentes.

► Somos felices cuando aprendemos a soltar, y es lo que nos permite dejar ir el dolor.

► No tenemos que sentirnos mal por sentirnos bien. Debemos aprender a disfrutar cada momento, cada circunstancia y cada desafío.

► La felicidad no viene por el tener. Es la capacidad de apreciar lo real y lo existente, mientras conservo intacta la habilidad de soñar.

► La felicidad es un camino, un recorrido, no un lugar al que se llega. La conquista del corazón es un viaje de toda una vida.

Aprender de la adversidad

Todos enfrentamos y enfrentaremos momentos difíciles. La adversidad, muchas veces, se presenta de manera inesperada. Algunas de las dificultades pueden ser temporales, o nos acompañarán por largos períodos. La adversidad podría alterar el proyecto de vida que teníamos planeado o producir cambios inmediatos en nuestro estilo de vivir.

Toda adversidad tiene solo una ruta, y es la de ser superada, pero normalmente, cuando nos sorprende la dificultad, ello genera un sentimiento de tristeza, desesperación, impotencia y, en primera instancia, hasta la negamos. Creemos que es un sueño y que pronto despertaremos de la pesadilla. Solemos decir: "Nunca pensé que me sucedería esto a mí", "No comprendo por qué ocurre", "Yo no merezco esto", "No sé qué hacer", "Estoy desesperado y me siento solo", "Creo que no podré superarlo". En ese momento, perdemos la esperanza, creemos que no saldremos adelante, tenemos una sensación de abandono y nos invaden el temor y la duda. Los pensamientos pierden objetividad y nos imaginamos lo peor, perdemos el sueño y esto produce un cansancio extremo que nos agobia. Sentimos que no tenemos voluntad para nada y vivimos una sensación de impotencia.

Los momentos difíciles pueden presentarse por la muerte repentina de un ser amado, el divorcio, la enfermedad, la pérdida del trabajo, dificultades económicas, o incluso, puede ser que el temor a lo desconocido nos dé una sensación de inseguridad sin ningún fundamento.

Es natural que tengamos temor frente a la adversidad, pero esta sensación pasará conforme comencemos a levantarnos y a dar los pasos necesarios para volver a intentarlo. El temor que sentimos no tiene nada que ver con debilidad o fracaso. Es un sentimiento natural ante el momento difícil que enfrentamos. En la adversidad, si nos dejamos dominar por el dolor, surge un problema serio que nos hace sentir miserables: la inactividad. Sí debemos llorar, tomar tiempo a solas, pero llega el momento donde debemos comenzar a caminar de nuevo, activar nuestra imaginación y reestructurar nuestras vidas. La vida continúa.

Enfrentar los pensamientos negativos

La manera en que pensamos es determinante para lo que hagamos… o no hagamos… Los pensamientos nos pueden dirigir a un precipicio o a una oportunidad de vida. No dejemos que los pensamientos negativos nos dominen; ellos no tienen vida propia, no se mandan solos, no nos pertenecen y no les pertenecemos: no somos una unidad con ellos si no queremos. Pensar negativamente no nos conduce a nada. Solo alimenta una actitud incorrecta, resta fuerzas y nos aísla de quienes desean ayudarnos. Evitemos pensamientos como:

- "De esta crisis no saldré."

- "No tengo fuerzas para continuar."

- "Le odiaré el resto de mi vida."

- "Soy un fracasado."

- "Siempre me pasa algo."

- "Todo está en mi contra."

- "No saldré de mi habitación."

- "Si pido ayuda, creerán que soy débil."

El pensamiento que nos ayuda ante la crisis

Los pensamientos positivos refuerzan nuestro ser. Ellos nos guían a un puerto seguro a pesar de la adversidad. Las cosas a nuestro alrededor pueden o no cambiar, pero no serán determinantes en cómo nos sentimos y conduciremos. Los pensamientos positivos cambian nuestra actitud. Pensemos, digamos y creamos:

"Sé que saldré adelante: ya lo he hecho antes."

"Decido perdonar y perdonarme."

"Me levantaré nuevamente."

"Lo voy a volver a intentar."

"Enfrentar momentos difíciles es normal y todos lo hacen."

"Buscaré ayuda, eso no tiene nada de malo, no tengo nada de qué avergonzarme."

"Sé que saldré fortalecido."

"Voy a confiar: en Dios, en mí, en que todo saldrá bien, en que todo ayuda para bien, en las personas buenas que me aman."

Un reto para superar

Ante la crisis, perseveremos, levantémonos de nuevo y no nos etiquetemos como fracasados: es solo un reto para superar.

Thomas Alva Edison, a quien se le atribuye la invención del bombillo, al parecer, realizó más de dos mil experimentos antes de lograrlo (1879). Su taller se quemó, pocos le creían, pero él perseveró. Un periodista le cuestionó el porqué de tanto fracaso, ante lo que respondió: "No fracasé ni una sola vez, fue un proceso de dos mil pasos". Entre sus frases célebres se encuentra: "No me equivoqué mil veces para hacer una bombilla, descubrí mil maneras de cómo no hacer una bombilla".

A sus ocho años, Edison regresó a casa llorando porque su maestro lo había calificado como un alumno "estéril e improductivo". Él recordaba este incidente, pero decidió sobreponerse con la ayuda de su madre.

Edison fue empresario, inventor, emprendedor y patentizó más de mil inventos. Nada lo detenía. Él no se dejó etiquetar.

Un segundo paso es que debemos ser honestos con nosotros mismos y admitir nuestros defectos y las áreas en las que no somos buenos. Pero esto no debe detenernos: donde no somos buenos, podemos perfeccionarnos o hacernos complementar por otros.

En la adversidad, acerquémonos a personas que nos animen y nos amen. Aprovechemos la ayuda que otros nos ofrecen; eso no es síntoma de debilidad. No nos resintamos con los que nos abandonan o rechazan.

Así mismo, aunque sea normal experimentar sentimientos negativos, no nos dejemos dominar por las emociones heridas, el dolor y la tristeza.

Y por último, desarrollemos una estrategia para salir de la crisis y celebremos los éxitos por pequeños que sean: ello significa que hemos vuelto a caminar.

De la adversidad saldremos fortalecidos, apreciando más la vida, y muy cerca de Dios, quien nos ha dado la fuerza para continuar.

Oportunidades de vida

Gracias a la adversidad y a la sana manera de abordarla, podemos resaltar algunos beneficios:

- **Nos descubrimos.** Es en medio de los momentos difíciles cuando logramos conocernos mejor, porque tomamos tiempo para desarrollar nuestro diálogo interno y aprendemos a convivir más con nosotros mismos. Muchas veces, corremos y corremos, hacemos y hacemos, y no tenemos tiempo para reflexionar, pensar, analizar y para encontrarnos con nuestro ser interior. La adversidad nos inspira a conocernos mejor y abre el espacio para descubrir de qué madera estamos hechos.

- **Nos revela fortalezas ocultas.** Hay inteligencias, habilidades y fortalezas que siempre hemos tenido, pero que solo emergen en medio de la adversidad. Lo que nos daba miedo, de repente por la necesidad, aprendemos a enfrentarlo con valentía, ingenio y creatividad. Aún más, la vida nos sorprende ofreciéndonos espacio para brillar donde antes imaginamos que no podíamos.

- **Nos hace compasivos.** La adversidad produce personas más compasivas, porque nos permite experimentar empatía, lo cual nos hace identificarnos con el que enfrenta dolor.

- **Nos muestra amigos y familia.** Solo en medio de la adversidad nos damos cuenta de cuánto valen los amigos y la familia. En medio de la adversidad, muchos se marchan, otros nos dan la espalda y solo los amigos de verdad y la familia permanecen cerca. Es en medio de los momentos difíciles cuando somos conscientes del gran tesoro que tenemos cerca.

Superamos la adversidad cuando nos atrevemos a soñar de nuevo y, en lugar de quedarnos atrapados en el pasado, levantamos la mirada hacia un mejor mañana. No podemos marcarnos como personas fracasadas por lo que estamos viviendo. Lo que enfrentamos es transitorio y lo viven todas las personas. La actitud valiente y decidida es lo que hace la diferencia. El acercarse a las personas correctas y buscar consejo nos anima y nos guía por el camino de la esperanza.

Adversidad no es sinónimo de fracaso. Es una lección de vida, una oportunidad para levantarnos de nuevo y reinventarnos a nosotros mismos. La adversidad nos presenta un nuevo horizonte a descubrir y desarrolla en nosotros habilidades ocultas que solo surgen en medio del esfuerzo y la tenacidad.

Mientras avanzamos, debemos celebrar los éxitos, porque nos producen la motivación necesaria para enfrentar los retos que tenemos por delante.

Hay que saber ganar y saber perder

Hay que saber ganar y saber perder. Todos ganamos y perdemos en algún momento de la vida. Es lo más natural, aunque debemos de reconocer que perder no es fácil de aceptar. En una contienda o competencia todos deseamos ganar. Cuando perdemos, cuesta reconocer que los resultados no son como esperábamos, y aún más cuando nos hemos preparado con diligencia y luchado con tanta pasión.

Ganar y perder tienen grandes beneficios personales, porque mientras lo experimentamos vamos a descubrir que somos buenos en algunas cosas y no tanto en otras. Los dos verbos, aunque uno más deseado que el otro, nos ayudan a reconocer quiénes somos y a desarrollar nuestro carácter.

- **Ganar** fortalece nuestro amor propio, y mantiene viva la ilusión de avanzar hacia el próximo desafío. Saberse vencedor es un premio al esfuerzo, una recompensa al sacrificio que se vivió en la preparación previa a la contienda, y es una palmada en la espalda que nos dice que vamos bien y que lo podemos lograr.

- **Perder** nos recuerda que debemos ser humildes para reconocer la superioridad de otros. Es una oportunidad para admirar las virtudes de los demás. Perder nos ofrece el escenario perfecto para reconocer los errores cometidos, analizar la estrategia planteada, apreciar a los amigos que nos acompañan en los momentos difíciles y es el mejor momento para reinventarnos.

Un buen ganador

- Celebra el triunfo.

- No se siente superior a los demás, porque sabe que en algunos momentos se gana y en otros se pierde.

- No humilla a sus contendores, más bien los anima.

- Reconoce el trabajo de los que le ayudaron en la preparación y hace sentir ganador a todo el equipo.

- Ayuda a otros para que lo logren también.

Un buen perdedor

- Sabe aceptar la derrota y reconoce las virtudes de la persona que ganó.

- La derrota no lo hace sentir como una persona fracasada. Sabe reconocer que solo perdió una contienda, un desafío y que fue una circunstancia y no una etiqueta. Ante la derrota, nos exponemos a sentimientos negativos, pero debemos aprender a luchar para salir fortalecidos en nuestro carácter. No es fácil enfrentar un fracaso, pero es renovador volverlo a intentar.

- No se justifica con excusas que te ayuden a explicar la derrota. Debemos dejar de culparnos y evitar descalificar a otros cuando las cosas no salen como lo esperábamos.

- No humilla a su contrincante, más bien reconoce sus virtudes. Nadie es grande cuando se siente superior a los demás. Es grande cuando hoy es mejor que ayer.

- Aprovecha la circunstancia para reinventarse, mejorar y superarse.

Saber ganar y perder es un arte que requiere de humildad y elegancia. En 1972, cuando la guerra fría estaba en su apogeo, se celebró el campeonato mundial de ajedrez que tuvo como últimos contrincantes al ruso, Boris Spassky y al estadounidense, Bobby Fischer. Además de lo simbólico que representaba a nivel mundial esta partida de ajedrez, pasó a ser un ejemplo del gran gesto de humildad demostrado por Spassky, quien al ver ganar a su contrincante con el último movimiento, se puso de pie y le aplaudió con la multitud, lo que invitó a todo el público presente a hacer lo mismo. En ese instante, la rivalidad, el deseo de ganar y la presión social fueron superados por el espíritu correcto; el honor de reconocer al contrincante vencedor. Esto solo lo logran los que se saben grandes de verdad y saben quiénes son y cuánto valen.

Esta forma de perder nos habla de personas ganadoras que lograron reconocer el potencial de su opositor y admiraron sus destrezas. Por lo tanto, uno tiene que saber ganar y saber perder, porque nos corresponde entrenar a nuestros hijos para enfrentar la vida.

El triunfo más grande que podemos vivir es sabernos personas apasionadas por una causa que nos inspira y una visión que nos desafía.

Porque al final de los días, lo que hace que una persona sea grande de verdad es que se mantuvo caminando tras el sueño que le desafiaba, mientras hacía grandes a los que le rodeaban.

La gratitud, un estilo de vida

La gratitud es el sentimiento que se experimenta cuando una persona estima el favor recibido, el beneficio o el servicio que alguien le ha dado. Solo surge de un corazón humilde y suele alcanzarse cuando hemos desarrollado la habilidad de observar, reconocer y apreciar.

Ser agradecido es un sentimiento que se traduce en una acción. Se expresa con palabras, obsequios, detalles, amabilidad, afecto y de cualquier forma que nos permita hacer sentir valorada a la otra persona. La gratitud nos convierte en personas más compasivas y bondadosas.

Un corazón agradecido no olvida ninguno de los beneficios que Dios le ha dado. El agradecimiento brota de un ser contemplativo que sabe apreciar el gesto amable de un extraño, la llamada de un amigo y la sonrisa de un niño. Una persona agradecida, normalmente es alguien que se acepta a sí mismo, experimenta una profunda paz, no tiene altas expectativas de las personas, presenta sus necesidades delante de Dios, y aprende a apreciar hasta el más pequeño detalle.

La gratitud nos permite reconocer el amor, la bondad y los favores que vienen de la mano de Dios. Ser agradecido rejuvenece, renueva las fuerzas y arranca sonrisas.

Una persona agradecida siempre está satisfecha, porque ha aprendido a vivir con alegría en cualquier circunstancia. Sin embargo, esto no significa desconocimiento o insensibilidad a los momentos difíciles, de dolor o sufrimiento que puedan experimentar las personas y familias.

Normalmente una persona agradecida ha enfrentado dificultades que le permiten ver la vida desde otra óptica y desprende de su interior la más noble de las emociones humanas. Es por eso por lo que se debe aprender a vivir con gratitud, tanto en la abundancia como en la escasez. Es valorar cuando se tiene mucho como cuando también se tiene poco, y apreciar la generosidad de las personas. Esta virtud hace que lo pequeño sea grande, y que lo que haya, sea suficiente.

Consejos que te ayudarán a ser agradecido

Hay personas que tienen una tendencia natural a ser agradecidos, pero hay momentos donde todos debemos esforzarnos para lograrlo:

1. **Presta atención a las cosas que te ocurren**. Baja el ritmo. Esto te permite observar mejor, apreciar y ser más consciente de lo que estás experimentando. Para ser agradecidos tenemos que detenernos para contemplar, apreciar y valorar lo que nos rodea, las personas y los detalles. Para lograrlo se requiere tener la actitud correcta. Ser consciente de lo que nos ocurre y tomar un momento para reflexionar sobre lo que estamos experimentando es lo que nos permite ser agradecidos y sentirnos afortunados por lo que somos, vivimos y tenemos.

2. **Encuentra razones para ser agradecido.** Elabora una lista de por qué ser agradecido, toma la iniciativa, lleva un diario de gratitud. Escribe diariamente por lo menos tres cosas por las cuales te sientes agradecido. Posiblemente al inicio no surjan

fácilmente, pero conforme conviertes la gratitud en un hábito, descubrirás mil razones por las cuales estarlo. Puedes inspirarte en la naturaleza, tu familia, el trabajo, tu país, lo pequeño, lo grande, los amigos, tus características físicas, las oportunidades que tienes, tu casa, el logro de tus padres, el lugar donde estudias, tu edad, tu inteligencia, tus habilidades intelectuales, etcétera. Conforme pasan los días descubrirás más motivos para estar agradecido.

3. **Ve las oportunidades en lugar de obstáculos.** La gratitud hace que se aprenda más de cada experiencia y registremos el evento como algo positivo en lugar de que se vea como algo ordinario y común. Esta virtud nos ayuda a desarrollar una mayor capacidad de análisis y asimilamos más fácilmente la información que recibimos. Las personas agradecidas tienden a ser más felices, experimentan menos depresión y manejan mejor el estrés. Pero sobre todo, se aceptan más fácilmente, valoran lo que viven y sonríen con los demás.

4. **Reconoce las virtudes de los demás.** Lo opuesto a agradecer es reclamar, imponer, exigir y demandar. Esto produce falta de aprecio por aquello que se tiene e incluso por quienes están cerca de nosotros. Si convertimos la gratitud en un hábito, dejaremos de creer que las personas están obligadas a hacer lo que hacen, y nos daremos cuenta de que lo que recibimos de ellos es una expresión de amor y aprecio.

Cuando somos agradecidos nos convertimos en personas más amables y a la vez inspiramos esto mismo en los que nos rodean, lo que genera un ambiente más placentero para todos.

La vida adquiere sentido cuando se disfruta, somos conscientes de que existimos y apreciamos todo lo que nos rodea.

La Madre Teresa describió la vida de manera magistral y sencilla, ella dijo:

La vida es un a oportunidad, aprovéchela.

La vida es un sueño, realícelo.

La vida es un desafío, acéptelo.

La vida es un deber, cúmplalo.

La vida es un juego, gánelo.

La vida es un himno, cántelo.

La vida es una aventura, arriésguese.

La vida es... vida, defiéndala.

Cuánta sabiduría en estas palabras. Definitivamente, la vida demanda de nosotros acción y determinación.

La vida también es frágil; tan frágil que puede perderse en cualquier momento, por lo que debe vivirse intensamente. Merece ser disfrutada y compartida con las personas más amadas. Es presente y no pasado. Del pasado se tienen los recuerdos, que deben ser guardados con gran aprecio, porque nos conectan con las personas que hemos amado en otro tiempo.

Me encontraba en un aeropuerto con mi familia, gozaba de tener a mi hijo Esteban en brazos, quien para ese entonces tenía 6 meses de edad. De repente, un caballero que nos observaba a la distancia respetuosamente se acercó y dijo; "Disculpe", y con un brillo en sus ojos continuó: "qué bueno que los está disfrutando (refiriéndose a mis hijos) cuando yo me di cuenta, era demasiado tarde... ellos habían crecido". En ese momento una lágrima rodó por su mejilla, dio media vuelta y se marchó.

No hice más que estrechar a mi hijo Esteban contra mi pecho y en silencio me dije: "Dios mío... es como si la vida me estuviera advirtiendo que no regresa cuando se va, y que el mañana tendrá un grato recuerdo del pasado si viví el presente a plenitud, o bien... una lágrima de lamento". Entonces fui consciente de que la vida adquiere sentido, solo cuando se comparte, cuando amamos, cuando nos dejamos amar, y cuando adquiero conciencia de que tengo que entregarme para abrazar, valorar y apreciar. Porque todos nacimos para dejar un legado.

¿Es tarde para comenzar a vivir? ¡NO! Nunca es tarde, hoy es un buen día para pedir perdón, abrazar a los que aprecio, extender la mano al necesitado, regalar una sonrisa a mis hijos, regresar a casa cuando estoy lejos y dar gracias a Dios por lo que soy y lo que tengo.

Hoy es tiempo de vivir la vida como nunca lo habías hecho.

FRASES PARA LAS REDES SOCIALES

* * *

Lo que somos lo define Dios.

* * *

Acéptate como una persona única y nunca te compares con los demás.

* * *

Todos los días toma tiempo para bendecir tu vida y reconocer tus virtudes.

* * *

El espejo más fuerte es el espejo del amor. Porque nos amamos yo voy a proyectar la imagen correcta tuya, y eso significa disimular y disculpar tus errores y defectos.

* * *

No permitamos que una imagen distorsionada de nosotros mismos nos robe el privilegio de ser felices.

* * *

No podemos enfrentar las luchas externas si primero no vencemos los gigantes que nos dominan por dentro: la incredulidad, los complejos, los miedos, las comparaciones y la descalificación.

* * *

Dios nos utilizará siendo la persona que somos.

* * *

Deja que Dios te sorprenda y te llame por tu nombre a cumplir la misión que lleva tu nombre.

* * *

El camino es el viaje al corazón para encontrarme con Dios en la intimidad de mi ser interior.

* * *

Nuestra autoimagen es saludable cuando aprendemos a cerrar ciclos, dejamos ir lo que nos lastima, nos separamos de las personas tóxicas y nos afirmamos en Dios y su Palabra.

* * *

Quien se conoce bien, se acepta, se aprecia y tiene un concepto correcto de sí mismo.

• • •

La autoimagen determina que seamos
mediocres o excelentes; dejemos las cosas sin
terminar o las hagamos con grandeza.

• • •

Construir la autoimagen es un viaje
progresivo que nunca termina.

• • •

Como me amo y me miro a mí mismo,
es como miro a los demás.

• • •

Hay dones, inteligencia y momentos particulares
que se revelan cuando nuestra imagen es comprendida
en el tiempo, el momento y en la forma de Dios.

• • •

Éxito no es tener una agenda muy llena. Es
disfrutar con nuestra familia un tiempo especial;
es pasar momentos a solas para encontrarnos
con Dios y con nosotros mismos.

• • •

Tomemos tiempo para pensar, organizar
las ideas, llorar si es necesario, reflexionar
sobre lo que hemos aprendido, leer un libro y
conocernos mejor a nosotros mismos.

* * *

¿Qué es la vida? El segundo que vives. El que pasó
no existe y el que no ha llegado tampoco existe.

* * *

La vida es el segundo en el cual yo
soy consciente de que existo.

* * *

No somos demasiado viejos y no somos
demasiado jóvenes. Tenemos que creer en
nosotros a cualquier edad, siempre.

* * *

Medimos todo como nos miramos.

* * *

Deja que sea Dios quien te defina, te
afirme y te guíe al siguiente nivel.

* * *

Es mejor vivir intensamente el presente,
aprender de las experiencias pasadas, perdonar
a quienes nos lastimaron y soñar con el futuro
a partir de la fe y la esperanza.

* * *

Las emociones nos impulsan,
la reflexión nos guía.

* * *

La búsqueda de la excelencia nos
permite conservar la calma, reflexionar
antes de hablar y disfrutar la vida.

* * *

Para mejorar hay que cambiar, para cambiar
hay que aprender, y para aprender, debemos estar
dispuestos a reconocer que aún no lo sabemos
todo y hay un mundo interior por descubrir.

* * *

Para cambiar internamente, primero se
requiere tener un sueño que nos inspire.

* * *

La visión nos realiza como personas y nos obliga
a buscar la excelencia mientras avanzamos.

* * *

La perseverancia convierte en experto
al que un día fue principiante.

* * *

Tengamos un espíritu educable y
un corazón moldeable.

* * *

La imagen correcta de Dios en nosotros
es la revelación de la autenticidad
de ser yo quien yo soy.

*   *   *

El día que yo soy quien yo soy, soy pleno, porque no tengo que fingir ser quien no soy; yo soy.

*   *   *

Tu actitud establece la diferencia entre el éxito y el fracaso; entre la felicidad y la tristeza; entre las buenas y las malas relaciones.

*   *   *

Cuando creo en mí soy creativo. Hay visión. Hay realización. Entonces logro ser el soñador que inspira a los demás a crecer.

*   *   *

Tengo que vivir el presente a plenitud y no creer que la felicidad está en el mañana que un día llegará.